Ulrich Filler

Leckerbissen

Ulrich Filler

Leckerbissen

20 rabenschwarze Häppchen

1. Auflage 2012

Hauptstr. 22, D-88353 Kißlegg

Umschlaggestaltung: Manuel Kimmerle
Cover-Foto: dpa
Druck: TZ-Verlag & Print GmbH, Roßdorf

ISBN 978-3-86357-037-8

Printed in Germany

Inhaltsverzeichnis

Statt eines Vorworts

Ulrich Filler, Jahrgang 1971, hat als Baumwollpflücker, Versicherungsagent, Skilehrer, Walfänger und Bergführer noch nie gearbeitet. Er lebt auch nicht zusammen mit seiner Frau, vier Kindern, zwei Katzen und dem Hund Max in einem liebevoll renovierten alten Bauernhof im Bergischen. Er mag keine Kleintiere und kümmert sich nicht um seine Zimmerpflanzen. Filler arbeitet im Rheinischen Braunkohlerevier, hat Beerdigungen lieber als Hochzeiten und versucht seit Jahren vergeblich, als Bauchredner zu reüssieren. Dies ist seine erste Sammlung sehr kurzer Kurzgeschichten. Guten Appetit!

Spritzgebäck

Oma Bettys rundes Gesicht glänzte zufrieden. Sie klopfte ihre mehlbestäubten Hände flüchtig an der Schürze ab und schob das Backblech sachte in den Ofen. Es war das erste in dieser Saison und viele, viele weitere würden folgen. Für Oma Betty hatte die schönste Zeit des Jahres begonnen. Denn Elisabeth Reifenstein, die von allen nur „Oma Betty" genannt wurde, war eine leidenschaftliche Anhängerin der Weihnachtsbäckerei. Diese war ihr einziges Hobby, wenn man einen so farblosen, schwächlichen Ausdruck überhaupt verwenden darf für ihren ernsthaften, ja unerbittlichen Enthusiasmus, der mehr einer lebenserfüllenden Berufung und Sendung als einer reinen Liebhaberei glich.

Oma Betty liebte Weihnachtsgebäck in allen Formen. Und Jahr für Jahr buk sie kleine Zimtsterne und Russisches Brot, duftende Printen und fremdländisch anmutende Anisplätzchen, leichte Baisers, wunderbare Biscotti di mandorle und knusprige Cantuccini, ganz schlichte, aber köstliche Butterkekse und Dominosteine, die sie mit einer zarten Schicht von schwarzer und weißer Schokolade umhüllte. Sie formte Nußecken und Florentiner und ihre berühmten flammenden Herzen. Zarte Mürbchen, krosses Ingwergebäck, Kipferl in verschiedenen Variationen und luftige Kokosmakronen gelangen ihr genauso gut wie Lebkuchen, Linzer Plätzchen und Nußtaler. Zu Weihnachten pflegte sie ihr köstliches Gebäck in kleinen, liebevoll dekorierten Schachteln zu verschenken. Sie schichtete Pfeffernüsse und Honigkuchen, Spitzbuben und Schweineöhrchen, Kulleraugen und ein wunderbar zartes Spritzgebäck neben Zimtplätzchen, Amarettokugeln und Biberle. Auf zahlreichen großen Serviertellern arrangierte sie ihr Weihnachtsgebäck zum Anbieten: Kleine Stücke Früchtekuchen fand man dort, zartbittere Karamellsplitter, Marzipanmonde und Orangenschnitten, Spekulatius und Magenbrot, Bärentatzen und köstliche Schwiegermutterzungen.

Nach dreißig bis vierzig ganz unterschiedlichen Rezepten wurden unter ihren geschickten, unermüdlichen Händen aus Mehl und Eiern, Zucker und Zimt kleine Kunstwerke. Das Geheimnis lag in den Gewürzen. Sie verwendete sorgfältig abgemessene Portionen von Kardamom und Sternanis, Koriander und Muskat, Vanille und Piment, Ingwer und dem teuren Safran und sogar Fenchel.

Fertigprodukte kamen Oma Betty nicht ins Haus. Sie vertrat die Philosophie, daß wirklicher Geschmack nur durch reine, eigene Handarbeit und qualitativ hochwertige Zutaten zu erreichen sei, und man muß sagen, daß das Ergebnis solcher Mühen ihren Puritanismus rechtfertigte. Wer einmal die Gelegenheit hatte, Oma Bettys Gebäckkreationen zu verkosten, mußte fortan industriell gefertigten Spekulatiuskeksen und abgepackten Dominosteinen aus dem Supermarkt entsagen: Im Vergleich mit den luftigen, krossen, zartschmelzenden Gebäckstücken aus Oma Bettys Ofen schmeckten sie mehlig, krümelig, farblos und verwandelten sich im Mund zu Asche.

Jedes gelungene Kunstwerk ist an sich schon eine Bestätigung für den Künstler. Doch erst der Beifall Dritter verschafft ihm jene wahre Befriedigung, derentwegen sich alle Mühe und Entsagung lohnt. Auch Oma Betty war nicht ganz frei von dieser kleinen Eitelkeit und so ging es ihr nicht nur um die Freude am Entdecken neuer, seltener und ungewöhnlicher Rezepte und um die Erfüllung, die sie ohne Zweifel in ihrer Arbeit selbst fand; sie wartete eben auch gespannt auf die Reaktionen, die ihre Weihnachtsplätzchen hervorriefen. Und wenn der alte

Dr. Schulte aus dem dritten Stock mit leuchtenden Augen verkündete, niemals habe er raffinierteres Gebäck gekostet oder wenn ihre Enkelkinder mit vollem Mund versicherten: „Echt irre, Oma, schmeckt wirklich voll krass!“, dann ging ein Leuchten über ihr gutes, rundes Gesicht und ein warmes, weihnachtliches Gefühl breitete sich in ihr aus.

Es war seit vielen Jahren Tradition, daß ihre beiden Kinder mit den Enkeln den ersten Weihnachtsfeiertag bei Oma Betty verbrachten. Ihre Tochter Gisela, eine resolute Frau in den Vierzigern, wohnte mit den drei Kindern im Nachbardorf. Ein-, zweimal in der Woche schaute sie vorbei, fuhr zum Einkaufen und erledigte das Gröbste im Haushalt. Oma Betty war ihr dankbar, auch wenn sie mit dem völlig unsentimentalen, zupackenden Realismus ihrer Tochter nicht viel anfangen konnte. Nicht nur, daß sie geschieden war – meine Güte, das war doch heute gang und gäbe und gehörte beinahe schon zum guten Ton. Nein, auch die Angewohnheit, alles danach zu bewerten, ob es denn „praktisch“ sei, fand Oma Betty sehr befremdlich. „Mutter, du brauchst endlich einen vernünftigen Herd, am besten mit Ceranfeld. Dieser alte Ofen ist doch völlig unpraktisch", pflegte Gisela bei jedem zweiten Besuch zu sagen, und Oma Betty hatte es aufgegeben, ihr zu erklären, daß wirklich gutes Weihnachtsgebäck nur in dem alten Ofen gelingen konnte. Auch ihr großes Hobby war ein Quell ständiger Kritik. „Und überhaupt, du machst dir viel zu viel Arbeit, du mußt mit deinen Kräften besser haushalten, du übertreibst es mal wieder mit deinen Keksen", konnte Gisela ungerührt sagen, und Oma Betty hatte sie im Verdacht, für die eigenen Kinder zur Weihnachtszeit ungesunde und vor allem geschmacklich völlig wertlose Fertigprodukte aus dem Supermarkt zu kaufen.

Wenn Oma Bettys Verhältnis zu ihrer Tochter aus diesen Gründen immer etwas distanziert war, so galt ihre ganze Liebe und Verehrung ihrem Sohn Dieter, den sie nur selten sah. Dieter war ein agiler, sportlicher, sehr viriler Unternehmensberater, der viel unterwegs war und sehr gut verdiente. Oma Betty war stolz auf ihren Sprößling, dem offensichtlich alle die Qualitäten zugefallen waren, die sie an ihrer Tochter vermißte. Dieter liebte gutes Essen und gute Weine, er legte Wert auf schwere, blütenweiße Leinendecken und poliertes Silberbesteck – „Das Auge ißt mit", pflegte er zu sagen – und er war selbst auch ein passabler Koch, wovon Oma Betty sich bei ihren leider allzu seltenen Besuchen überzeugen konnte. Insgeheim fand sie es ungerecht, daß sie viel öfter bei ihrer alleinerziehenden Tochter am Tisch mit der praktischen Wachstuchdecke und den schnellen Gerichten aus der Mikrowelle saß, als bei ihrem Sohn in der gepflegten und teuren, aber geschmackvoll eingerichteten Junggesellenwohnung.

Und so erfüllte sich ihr größter Weihnachtswunsch, wenn Dieter am ersten Feiertag hereinrauschte, einen Hauch von Glanz und Stil und Internationalität in ihren Vorortalltag brachte, sich gemütlich auf der Couch ausstreckte und zum Teller mit dem Weihnachtsgebäck griff. Dabei nahm er nicht einfach nur ein Stück heraus. Oma Betty hatte es schon oft genau beobachtet: Seine wohlgeformte Hand mit den schlanken Fingern schwebte über dem beladenen Teller, zögerte, glitt hin und her und schloß sich dann zugleich behutsam und zielsicher um ein Gebäck, das auch nach Oma Bettys eigener Meinung zu ihren gelungensten Stücken zählte. Wenn er langsam kaute, konzentriert den Geschmack aufnahm, den Gewürzen nachspürte und schließlich sagte: „Mutter, du bist eine wahre Meisterin. Du hast dich wieder einmal selbst übertroffen!", wog das Lob aus seinem Munde doppelt und erst dann war für Oma Betty wirklich Weihnachten.

Oma Betty schloß die Ofentür und stellte die Temperatur ein. Dabei überlegte sie bereits die nächsten Schritte. Sie hatte sich eine genaue Reihenfolge zurechtgelegt, nach der sie vorgehen wollte, um rechtzeitig zum Fest all die unterschiedlichen Plätzchen, Kekse und Gebäckstücke fertig zu haben. Das Unglück geschah, als sie nach ihrem Rezeptbuch greifen wollte, das ganz oben auf dem Regal lag. Hatte Gisela es weggeräumt? Sie stieg auf den Stuhl, murmelte unwillig, streckte sich nach dem Regalfach aus, verlor das Gleichgewicht und stürzte schwer auf den Boden.

„Ein Glück, daß ich gestern noch vorbeigekommen bin!" Als Oma Betty erwachte, sah sie in das besorgte Gesicht ihrer Tochter. „Was hast du dir nur gedacht? Ich habe immer gewußt, daß etwas passieren würde!" Langsam kam Oma Betty wieder zu sich. Sie war sehr verwirrt. „Gisela", flüsterte sie, „was machst du denn hier?" – „Du bist gefallen, Mutter, gut daß ich da war. Wir mußten dich ins Krankenhaus bringen, aber du hattest Glück im Unglück. Außer dem Arm und einer leichten Gehirnerschütterung ist dir nichts passiert." Schlagartig fiel es Oma Betty wieder ein. Mein Gott, das Russische Brot! – „Der Ofen", sagte sie verzweifelt, nach anderthalb Stunden mußte doch das Blech heraus und auskühlen! – „Mach dir keine Sorgen, Mutter. Ich habe den Ofen ausgestellt, es kann nichts geschehen. Hauptsache ist doch, du wirst wieder gesund." Gesund? Oma Betty runzelte die Stirn. Und erst da kam ihr zu Bewußtsein, daß mit ihrem rechten Arm etwas ganz und gar nicht in Ordnung war. Sie sah an sich herunter, sie sah den Gipsverband, der vom Handgelenk bis zur Schulter reichte, und die ganze Tragweite des Unglücks brach mit einem Mal über sie herein. Ihre Augen füllten sich mit Tränen. „Ach, mach dir keine Sorgen. Der Arzt sagt, es kommt alles wieder in Ordnung. Zweimal gebrochen, na ja, aber nach acht Wochen kann der Gips runter, und wenn du dich schonst, ist der Arm bald wieder wie neu!" – „Aber, aber ich muß doch … Das geht doch nicht … Die Weihnachtsplätzchen …" – „Na, mit dem Backen wird es wohl nichts dieses Jahr. Aber sei nicht traurig, wir kriegen dich schon wieder hin." Oma Betty fehlten die Worte. Sie fühlte eine tiefe Traurigkeit, eine innere Leere in sich aufsteigen und die optimistischen, gutgemeinten Aufmunterungen ihrer Tochter rauschten ungehört an ihr vorbei. Der Unfall hatte ihr den Höhepunkt des Jahres geraubt, jene Wochen, in denen sie, unaufhörlich werkend und wirkend und vor sich hin summend in ihrer alten Küche wirklich glücklich war. Und was war mit den vielen Nachbarn und Freunden, denen sie jedes Jahr mit ihrer Kunst eine solche Freude bereitet hatte? Welche Enttäuschung für den alten Dr. Schulte, welche Enttäuschung für ihre Enkelkinder, wenn sie in diesem Jahr auf die berühmten Weihnachtsplätzchen verzichten mußten. Und Dieter! Was würde Dieter sagen? „Dieter …“, murmelte sie. – „Mach dir keine Sorgen Mutter, ich habe mit Dieter telefoniert, er weiß Bescheid. Leider kann er nicht kommen, er ist in München und muß nächste Woche dringend nach Hamburg. Du weißt ja, wie das ist. Aber er läßt dir alles Liebe ausrichten und gute Besserung. Und Weihnachten kommt er dann ja ganz bestimmt nach Hause!“ Gisela lächelte ihre Mutter an. „Ich werde dich jeden Tag besuchen, und bald kannst du nach Hause. Wir sorgen schon für dich, ganz bestimmt. Alles wird gut!“

Nichts wurde gut und die schönste Zeit des Jahres kam Oma Betty grau, trist, eintönig und sehr, sehr langweilig vor. Freilich konnte sie nach wenigen Tagen bereits wieder nach Hause und der freundliche Oberarzt hatte ihr noch einmal versichert, daß sie ein ausgesprochener Glückspilz sei. Allein – was nützte es? Ihr Gipsarm – daß es auch ausgerechnet der rechte sein mußte! – machte auch die einfachsten alltäglichen Verrichtungen unglaublich schwierig, ans Kochen oder Backen war gar nicht zu denken. Gut, daß sie Gisela hatte, die nun jeden Tag kam, ihr half, kochte, einkaufen ging und den Hausputz machte, so gut sie es eben verstand.

So ging der Spätherbst allmählich in den Winter über, an jedem Wochenende wurde am Adventskranz eine Kerze mehr entzündet, schließlich wurde auch der sperrige Gipsverband entfernt, aber Oma Betty wurde immer stiller, verschlossener und trauriger. Auch jetzt noch war ihr strengste Schonung auferlegt und ihre resolute Tochter wachte eifrig über die Einhaltung dieses Gebots. Nicht einmal ein paar einfache Butterkekse oder etwas Spritzgebäck wurden ihr erlaubt und so saß sie die meiste Zeit teilnahmslos in der Küche, wo sie der kalte Backofen vorwurfsvoll anzustarren schien.

Der einzige Trost in diesen trüben Stunden war der Gedanke an Dieter. Natürlich konnte er jetzt nicht kommen, eingespannt, wie er war. Er arbeitete so viel, der gute Junge! Und er würde sie auch verstehen, ihre Enttäuschung, ihre innere Leere, er würde verstehen, wie sehr sie das Backen vermißte und wie leid es ihr tat, in diesem Jahr niemanden mit ihrem wunderbaren Gebäck erfreuen zu können. Er würde enttäuscht sein, wenn die erwarteten Genüsse in diesem Jahr ausbleiben mußten, aber er würde verstehen.

Dann kam das Weihnachtsfest heran, der Heilige Abend, den sie allein verbrachte. Gisela hatte sie zum Kommen gedrängt, aber ihr war nicht nach Feiern zumute. „Kind, wir sehen uns doch übermorgen, und du hast genug mit den Kindern zu tun", hatte sie gesagt und „Ich werde mich etwas ausruhen und früh zu Bett gehen, damit ich wieder auf dem Damm bin, wenn Dieter kommt."

So saß sie Stunde um Stunde in ihrem Wohnzimmer, das Gisela weihnachtlich dekoriert hatte. Ihre Blicke schweiften über den kleinen Baum, der mit den alten Strohsternen geschmückt war, die noch aus ihrer Jugend stammten und an denen sie so hing; über Engelsfiguren und Wachskerzen; über das farbige Fensterbild, das die heilige Familie darstellte, und über den großen, silbernen

Teller mitten auf dem Tisch, der mit Weihnachtsplätzchen gefüllt war. „Du mußt doch etwas zum Anbieten haben“, hatte Gisela energisch gesagt und industriell gefertigte Spekulatiuskekse, vakuumverpackte Dominosteine und mindestens bis Ende Mai haltbares Spritzgebäck auf dem Teller arrangiert, der sonst für ihre herausragendsten Kreationen reserviert war. Doch Oma Betty war zu deprimiert, um sich zu empören und wie alles, was ihr in diesen Tagen und Wochen widerfahren war, nahm sie auch diese gutgemeinte Geste ihrer Tochter hin, ohne sich zu wehren.

Die Uhr schlug elf und Oma Betty hob ruckartig den Kopf. Jetzt würde sie zu Bett gehen und versuchen, etwas zu schlafen. Und morgen … Morgen käme Dieter! Und Oma Betty lächelte zum ersten Mal seit langer Zeit.

Und am ersten Weihnachtstag kam Dieter! Schon im Hausflur war sein ansteckendes Lachen deutlich zu hören und mit ihm kam ein frischer Wind und ein Glanz in die Wohnung, es gab ein großes Hallo, ein neckisches „Na, Schwesterherz!“ und ein Indianergeheul von den Kindern, die ihren Onkel liebten und um ihn herumtanzten. Und dann stand er vor ihr, strahlend und lachend und groß und gutaussehend und bei diesem Anblick fiel Oma Bettys Depression in sich zusammen und sie spürte, wie ihrem Herzen ein Quell echter, starker Freude entströmte, eine Freude, die sich ausbreitete und verzweigte und bis in die Fingerspitzen hineinreichte und dort kribbelte und tanzte. Ihr gutes, rundes Gesicht leuchtete auf. „Mein lieber, lieber Junge!“ Dieter umarmte sie behutsam, schob sie wieder von sich und sah sie prüfend an. „Was machst du nur für Sachen? Geht es dir auch gut?“ Sie nickte eifrig: „Ja, ja, alles ist gut, alles ist gut, mach dir keine Gedanken. Frohe Weihnachten, mein Junge!“

Tatsächlich schien es, als sei wirklich alles wieder gut, als sie später gemeinsam im Wohnzimmer saßen, ein Glas Sekt in der Hand, die Kinder spielten auf dem Teppichboden und Gisela sprach mit ihrem Bruder über irgendwelchen Finanzkram wegen der Scheidungsgeschichte. Oma Betty bekam es nicht so richtig mit, aber das war nicht schlimm, sie war glücklich, ihre Lieben um sich zu haben. Später, wenn die Kinder quengeln würden und Gisela mit ihnen nach Hause gefahren war, später würde sie ihrem Sohn alles ausführlich erzählen: wie der Unfall passiert war, daß ihre Weihnachtsbäckerei hatte ausfallen müssen, ihre Traurigkeit und Enttäuschung. Dieter würde alles verstehen, und sie hatte das Gefühl, als ob sie schon selbst darüber lachen konnte.

Da trat eine Gesprächspause ein, Gisela nahm einen Schluck Sekt und aus den Augenwinkeln sah Oma Betty, wie Dieters wohlgeformte Hand mit den schlanken Fingern über dem Teller auf dem Wohnzimmertisch schwebte, zögerte, sich hin und her bewegte und sich dann zugleich behutsam und zielsicher um einen der industriell gefertigten Spekulatiuskekse schloß, der doch mehlig, krümelig und farblos schmeckte! Oma Betty öffnete den Mund, wollte etwas sagen, aber die Worte blieben ihr im Halse stecken, als sie sah, wie ihr Sohn langsam kaute, konzentriert den Geschmack aufnahm, den Gewürzen nachspürte und schließlich sagte: „Mutter, du bist eine wahre Meisterin. Du hast dich wieder einmal selbst übertroffen!“

Ostermorgen

Die Frau stand am Fenster und wartete. Vor ihr breitete sich die graue Heidelandschaft aus, der Regen hatte nachgelassen. Es war wieder wärmer geworden und die vereinzelten, schmutzigen Schneereste gaben der Landschaft ein zerknittertes Aussehen.

Es war noch früh, erst halb sechs, aber die Frau war schon lange auf den Beinen. Sie hatte die Stube ausgefegt und für frisches Wasser und Brennholz gesorgt. Der große Eichentisch war gedeckt und liebevoll dekoriert, eine Vase mit Leberblümchen und Krokussen hob sich wirkungsvoll vom weißen Tischtuch ab. Der Ofen bullerte fröhlich vor sich hin und eine angenehme Wärme durchzog das ganze Häuschen. „Unser Hexenhäuschen!", hatte sie entzückt ausgerufen, als sie es zum ersten Mal gesehen hatte, und ihr Mann hatte gelacht und sie geküßt. Damals war es Sommer gewesen und die Heide blühte in allen Farben des Regenbogens: gelbe Arnika und violetter Thymian leuchteten neben weißem, wilden Kerbel, duftenden Heckenrosen und rotem Mohn. Damals hatte sie sich in die karge und doch so farbenprächtige Landschaft verliebt und war glücklich, ihrem Mann hierher gefolgt zu sein.

Sie schloß die Augen und versuchte, sich den Sommer vorzustellen. Die blühende Heide. Die brütende Hitze im Juli. Den Geruch des Grases. Die friedvolle Stille am Abend, wenn sie neben ihrem Mann auf der Bank vor dem Haus sitzen und der Sonne beim Untergehen zuschauen würde, ihre Hand leicht auf die seine gelegt. Einen Moment lang war die Vorstellung beinahe vollkommen und sie schauerte. Dann lächelte sie über sich selbst und wandte den Kopf. Neben dem Fenster stand das Kinderbett, in dem ihre Tochter schlief. Sie beugte sich über den kleinen Kopf und strich prüfend über die Stirn. Nein, kein Fieber mehr, die Kleine schlief ganz ruhig. Sie zupfte die Decke zurecht und trat wieder vor das Fenster um zu warten. Sie war nicht ungeduldig, nur voller Vorfreude. Sie malte sich aus, wie ihr Mann den schmalen Pfad entlangwandern würde, mit gleichmäßigen, raumgreifenden Schritten, die Schirmmütze unter dem Arm. Das war ihr als erstes aufgefallen: sein ruhiger, sicherer Gang, der für sie immer Gelassenheit und Zuversicht ausstrahlte. Sicher ist er erschöpft, überlegte sie, nach zwei anstrengenden Tagen und Nächten im Dienst. Wenn er müde ist, hat er kleine Falten auf der Stirn und Schatten unter den großen, ausdrucksvollen Augen. Man sieht es aber nur, wenn man ihn sehr gut kennt und sehr aufmerksam beobachtet. Sie würde ihn in der Haustüre erwarten, ihm ein, zwei Schritte entgegengehen und sich von ihm in den Arm nehmen lassen. Das tat er immer, er nahm sie in seine kräftigen Arme und hob sie leicht an, ohne Anstrengung, um sie zu küssen. Sie mochte seine Küsse, seine weichen, vollen Lippen, seine zärtliche Berührung, sie mochte es, wenn er mit einer Hand leicht ihr Kinn hob, sie ansah und ihr einen neckischen Kuß auf die Nasenspitze gab. Sie hatte Glück. Er war ein liebevoller Mann, stark und zärtlich zugleich. Er war ein Mann, bei dem sie sich geborgen fühlte, bei dem sie und das Kind in Sicherheit waren.

Für das Frühstück war alles vorbereitet. Mutter hatte einen Schinken geschickt und Bohnenkaffee. Nicht, daß sie hier Mangel litten. Die Versorgung war hervorragend und sie war eine gute Wirtschafterin und hielt ihre Vorräte sorgsam zusammen. Ihr Mann schätzte ein gutes Essen, und ihr bereitete es eine kindliche Freude, für ihn zu sorgen und zu kochen und es ihm überhaupt so behaglich zu machen, wie sie nur konnte. Der Arme, sehr gemütlich hatte er es bei seiner schweren Arbeit bestimmt nicht. Sie hatte die Hütte so gut hergerichtet, wie es möglich war. Bei einer der seltenen Fahrten in die nächste Stadt hatte sie einen schön geblümten gelben Stoff gefunden, aus dem sie Vorhänge geschneidert hatte. Zwei bunte Flickenteppiche bedeckten die Holzdielen. Das Häuschen war ja auch nur eine Übergangslösung, eigentlich sollten hier richtige Häuser gebaut werden. Das kommt den hohen Herren natürlich wieder nicht in den Sinn, daß die Leute auch anständig untergebracht werden müssen. Im Sommer war das ja noch sehr romantisch, aber als im Herbst die Kälte kam und im Winter der Frost, da fand sie, daß das Hexenhäuschen doch entscheidende Nachteile hatte und im Grunde genommen nicht mehr als eine zugige Baracke war. Aber das würde ihrem Mann natürlich nicht einfallen, einmal etwas für sich selbst zu verlangen; er war so selbstlos und ging ganz in den Erfordernissen des Dienstes auf. Sie hatte sich schon oft vorgenommen, das Thema einmal zur Sprache zu bringen, wenn ihr Mann die hohen Tiere herumführte und sie dann später beim gemeinsamen Abendessen im Kasino saßen, aber es fehlte ihr immer der Mut. Außerdem wäre es ihrem Mann bestimmt nicht recht und sie nahm sich vor, dem einen, Netten, der schon zweimal dagewesen war, einmal einen kleinen Wink zu geben. Doch nun würde erst einmal der Frühling kommen und dann der Sommer und dann würde man schon sehen.

Sie schaute wieder zum Kinderbett. Wie ruhig die Kleine schlief! Neben dem Bett stand eine große Kommode und darauf thronte das Grammophon, ihr ganzer Stolz. Ihr Mann liebte Musik, Mozart und Händel und Bach, und sie hatte eine ganze Reihe von Schallplatten mitgenommen, als er hierher versetzt wurde. Das waren die schönsten Abende für sie, wenn ihr Mann im Polsterstuhl saß, eine Zigarre rauchte, den Cognacschwenker in bequemer Reichweite, und mit halbgeschlossenen Augen einem Klavierkonzert lauschte, während sie sich auf der Eckbank in eine Decke kuschelte und ihm zusah oder Wäsche zusammenlegte oder sich mit ihrer Stickerei beschäftigte. Das war ja auch ein Grund, warum sie ihren Mann so liebte: Er war gebildet, aber nicht arrogant. Was wußte sie von Schopenhauer, von Nietzsche? Was wußte sie über klassische Musik? Er aber nahm sie immer wieder bei der Hand und erschloß ihr mit einfachen Worten ganz neue Welten.

Und wenn er sprach, verfiel er nie in jenen professoralen Habitus, den sie verabscheute, sondern sprach über seine eigene Begeisterung, über seine eigene Liebe zur Literatur und Musik und ließ sie teilhaben an seiner tiefen Freude über solche Schönheit. Sein Lieblingsstück war der zweite Satz des Klavierkonzerts in A-Dur von Mozart. „Das ist die schönste Musik der Welt", sagte er, „so innig, so voller Gefühle, voller Süße und voller Schmerz zugleich!" Und er hob die Hand wie ein Dirigent und schwang sie hin und her, als wollte er sie einladen, gemeinsam mit ihm einzutauchen in den mächtig schwellenden Strom der Musik.

Jetzt regte sich das Kind im Schlaf, murmelte und brummelte vor sich hin und wälzte sich auf die Seite. Bald würde es die kleinen Augen aufschlagen und glucksen und fordernd die Ärmchen ausstrecken. Dann würde sie es auf den Arm nehmen und gemeinsam würden sie am Fenster stehen. Sie würde ihm gut zureden und sagen: „Gleich kommt dein Vater. Er hat heute und morgen frei, und wir werden es gut haben hier in unserem gemütlichen kleinen Hexenhäuschen und ein wunder-, wunderschönes Osterfest feiern!"

Und vielleicht würde er ja doch bald versetzt, bekäme eine Stelle in der Hauptverwaltung, in der Stadt. Wie vermißte sie die Stadt! Die Geschäfte und das Theater, die Gesellschaft ihrer Freunde und Bekannten, die Straßenbahnen, das Lärmen und all den Trubel. Allein der Kleinen wegen müßte er spätestens im nächsten Jahr um eine Versetzung bitten – und dem Stellvertreter des Lagerkommandanten würden sie diese Bitte nicht abschlagen können. Ein Konzentrationslager ist doch kein Ort, wo ein Kind ordentlich aufwachsen kann! Alles würde sich ergeben und ordnen lassen, da war sie ganz sicher. Sie war glücklich und voller Vertrauen, als sie dort am Fenster stand und wartete.

Einmal am Rhein

Onkel Hugo verschwand am 17. Februar 1972, an einem Donnerstag. Er wollte seine Schwester im Schwarzwald besuchen. Damals war eine entfernte, angeheiratete Cousine gestorben und die Nachlaßangelegenheiten gestalteten sich kompliziert. Onkel Hugo, der in unserer großen Familie als Experte für die zahllosen schwierigen Verwandtschaftsverhältnisse galt, setzte sich morgens in den D-Zug von Bremen nach Freiburg – einmal umsteigen in Köln – und wurde am späten Nachmittag am Freiburger Hauptbahnhof von seiner Schwester erwartet. Doch sie wartete umsonst. Onkel Hugo war nicht im angekündigten Zug und auch nicht im nächsten. Verwirrt und verunsichert fuhr die Schwester wieder nach Hause zurück. Hatte sie sich im Termin geirrt? Später am Abend meldete sie sich telefonisch bei ihrer Schwägerin in Bremen und löste eine beträchtliche Verwirrung aus. Tante Selma hatte ihren Mann selbst zum Bahnhof gebracht und in den Zug gesetzt. Zweifelsohne war Onkel Hugo wie geplant mit dem Schnellzug Richtung Freiburg gefahren. Doch angekommen war er dort nicht und er kam auch nicht in den nächsten Tagen, obwohl seine Schwester noch mehrmals am Bahnhof erschien. Der ratlose Beamte am Schalter konnten ihr auch nicht helfen.

Tante Selma verbrachte drei unruhige Tage und Nächte. Schließlich hielt sie es nicht mehr aus und ging, von Sorge gezeichnet, zur Polizei, um ihren Mann als vermißt zu melden. Die Beamten waren freundlich, konnten aber wenig tun. Menschen verschwinden aus den verschiedensten Gründen, und wenn es sich nicht um Minderjährige handelt, hat die Polizei wenig Handhabe. Immerhin nahm der gemütliche Wachtmeister eine Meldung auf und versprach, umgehend Bescheid zu geben, falls man Onkel Hugo beispielsweise als Opfer eines Unfalls oder Verbrechens in einem Krankenhaus melden würde. Auf der anderen Seite aber – wo hatte Onkel Hugo den Zug verlassen? Und aus welchem Grund? Unmöglich konnte man auf gut Glück alle Polizeiwachen und Hospitäler zwischen Bremen und Freiburg befragen. Und überhaupt, so meinte der Wachtmeister, verschwänden ja die allermeisten Erwachsenen freiwillig, gerade Ehemänner im besten Alter. Ob es denn Schwierigkeiten in der Ehe oder Familie gegeben habe? Streit? Tante Selma schüttelte nur traurig den Kopf. Ihre Ehe war doch glücklich! Der

Polizist lächelte begütigend: „Meistens ist es eh nichts, die Leute wollen sich einfach mal austoben und sind nach ein paar Tagen wieder da. Abwarten und Tee trinken, das ist der beste Rat, den ich Ihnen geben kann.“ Dies schien Tante Selma zwar kein besonders guter Trost, aber was sollte sie anderes tun? Der Gedanke, daß Onkel Hugo irgendwo ein neues Leben anfangen oder sich „einfach mal austoben“ wollte, erschien ihr absurd.

Mein Onkel Hugo ist eigentlich mein Großonkel, aber als Kinder haben wir einfach „Onkel“ gesagt und dabei ist es auch später geblieben. Als ich noch klein war, waren wir Kinder oft bei den beiden zu Besuch. Meine Großtante Selma war eine warmherzige Frau, die uns nach Strich und Faden verwöhnte, vielleicht auch deshalb, weil sie keine eigenen Kinder hatte. Bei ihr waren wir gerne. Onkel Hugo war ein Sparkassenangestellter mit dicker Hornbrille. Früher hatten wir vor ihm immer ein bißchen Angst gehabt, aber als wir älter wurden, machten wir uns heimlich lustig über seine pedantische Art, seine leise, hohe Stimme und seinen Tick, so lange aufzuräumen, bis alles an seinem „korrekten Platz“ lag. „Korrekt“ war sein Lieblingswort und am wohlsten fühlte er sich in einem „korrekten“ Anzug mit einer „korrekt“ sitzenden Krawatte. Daß dieser Mensch einfach mal ausbricht aus seinem korrekten Leben – das konnte die ganze Familie nicht glauben. Denn Onkel Hugos Verschwinden war damals Gesprächsthema Nummer eins. Ich war sechzehn und kann mich noch gut an die aufgeregten Telefonate erinnern. Obwohl die zahlreichen Tanten und Onkel, Vettern und Cousinen in ganz Deutschland verstreut leben, halten sie bis heute einen regen Kontakt untereinander, und das Rätselraten erfaßte damals die gesamte, weitverzweigte Familie.

Es bildeten sich drei unterschiedliche Theorien heraus. Die Mehrheit der Familienmitglieder schloß sich meiner Mutter an, die von einem Unfall ausging. Vielleicht hatte Onkel Hugo einen Herzinfarkt bekommen oder es hatte ihn der Schlag getroffen. Sicher lag er unerkannt in einem Krankenhaus und es war nur eine Frage der Zeit, bis Tante Selma eine sehr traurige Nachricht erhalten würde. Mein Vater war entschieden anderer Meinung. Er witterte ein Verbrechen, vielleicht eine Entführung, die mit der Sparkasse zusammenhängen mußte. Vater malte sich aus, wie der verschleppte Onkel Hugo, in einem kargen, düsteren Versteck sitzend, von brutalen Verbrechern genötigt wurde, sein gesamtes Wissen über die Bank, über Tresore und Geldlieferungen preiszugeben. Ich selbst schloß mich damals dieser These an, sie schien mir wesentlich spannender und gruseliger zu sein als die Krankenhausgeschichte. Dann gab es noch die „Aussteiger-Theorie". Sie wurde von dem Bruder meines Vaters, von Onkel Rüdiger, aufgebracht, fand aber fast keine Anhänger. Noch heute sehe ich Onkel Rüdiger in unserem Wohnzimmer sitzen, vor sich ein Pils und die unvermeidliche Zigarette in der Hand, wie er mit seiner tiefen Stimme sagt: „Der ist weg, abgehauen, verlaßt euch drauf. Der sitzt längst in Südamerika oder in Spanien und macht sich einen Lenz. Der hatte es einfach satt!" Meine Mutter sagte später, Onkel Rüdiger habe nur seine eigenen Wunschvorstellungen beschrieben; wenn einem die Frau wegläuft und man stempeln gehen muß, dann wären solche Pläne sicher verlockend – aber für unseren Großonkel Hugo? Unvorstellbar!

So ging es noch einige Tage hin und her – und dann, nach sechs Tagen, war Onkel Hugo wieder da! Am Mittwoch, den 23. Februar 1972 stieg er wie geplant aus dem D-

Zug, der Deutschland von Süd nach Nord, von Freiburg über Köln bis nach Bremen durchquert hatte, als wäre nichts gewesen! Korrekt und pedantisch wie immer, den kleinen Koffer in der Rechten, den zusammengerollten Regenschirm in der Linken, kletterte er aus dem Abteil und stand auf dem Bahnsteig. Tante Selma, die wider alle Hoffnung zum Bahnhof gekommen war, fiel aus allen Wolken und überschüttete ihn mit Liebkosungen, Umarmungen und Vorwürfen. Was ihm denn einfallen würde! Wo er gewesen sei? Ob er sich vorstellen könne, welche Angst sie ausgestanden habe? Was er sich denn dabei gedacht hätte, einfach so zu verschwinden? Doch Onkel Hugo sagte nur: „Ich bin wieder da. Es ist nichts passiert. Mach dir keine Sorgen. Übrigens habe ich Hunger, was gibt es zum Mittagessen?" Mehr sagte er nicht, zum Leidwesen von Tante Selma, die sich nicht recht entscheiden konnte, ob sie ihrer Erleichterung oder doch lieber ihrem Zorn die Oberhand gewähren sollte; und auch zum Leidwesen unserer ganzen Familie, die keine ihrer Theorien bestätigt fand. „Ich bin wieder da", mehr sagte er nicht, weder am Tag seines Erscheinens, mit dem keiner mehr gerechnet hatte, noch an irgendeinem anderen Tag. Das Verschwinden von Onkel Hugo und die Spekulationen über das, was er in den sechs Tagen zwischen Donnerstag und Mittwoch, zwischen dem 17. und dem 23. Februar 1972 getan hatte, gehörten in den letzten dreißig Jahren zu den immer wiederkehrenden Themen, die auf jedem Familientreffen mit demselben, unbefriedigenden Ergebnis durchgehechelt wurden. Denn Onkel Hugo schwieg eisern und hat nie mehr ein Wort über die Angelegenheit verloren.

Tante Selma ist vor fünfzehn Jahren gestorben. Onkel Hugo lebt noch, in einem Altenstift in der Bremer Vorstadt. Es geht ihm nicht gut, die üblichen Altersgeschichten, wahrscheinlich Alzheimer; der Doktor meint, es gehe bald zu Ende. Gestern habe ich ihn besucht. Lange saß ich an seinem Bett, betrachtete die ausgemergelte Gestalt, hielt seine knochige Hand und strich ab und zu mit einem feuchten Tuch über seine fiebrige Stirn. Plötzlich öffnete er die Augen. Sie waren nicht mehr milchig-trüb, sondern ganz klar und strahlend. Er sah mich an und hielt meine Hand mit erstaunlich festem Griff. „Mein Junge“, sagte er mit seiner leisen, hohen Stimme, „mein Junge, ich war immer korrekt. Immer korrekt im Leben und auf der Kasse. Nie einen Pfennig Differenz. Nie einen Fehlbetrag!" – „Ja, sicher, Onkel Hugo, du warst immer korrekt, keine Frage", bestätigte ich. „Mein Junge", sagte er drängend, „ich gebe dir einen letzten Rat. Genieße dein Leben. Verpaß es nicht. Genieße es in vollen Zügen, schöpfe es aus, nimm alles mit – und pfeif auch mal drauf, was die anderen sagen." Er sah mich mit weit aufgerissenen Augen an. Kleine Funken tanzten in seinen Pupillen und sein Griff wurde fester. Er richtete sich auf. „Mein Junge, mach keinen Fehler. Steig mal aus, aus Deinem Zug. Sei mal jeck. Karneval in Köln. Von Altweiber bis zum Rosenmontag und zum Veilchendienstag, wenn der Nubbel verbrannt wird. Etwas Schöneres gibt es nicht. Und am Aschermittwoch kommst du zurück. Von dieser Erinnerung zehrst du den Rest deines Lebens." Er sank wieder in sein Kissen. Jetzt flüsterte er nur noch. „Und Junge, versprich mir eins." – „Alles, Onkel Hugo", antwortete ich. Er öffnete noch einmal die Augen, sah mich fest an und flüsterte: „Versprich mir eins, Junge, wenn du fährst, dann nimmst du mich mit!"

Erik Blutaxt

Erik Blodøks trug voller Stolz seinen Ehrennamen, der „Blutaxt" bedeutet. Siehe: Nachdem er seinem Vater Harald auf den Thron folgte, erschlug er 17 seiner Halbbrüder mit der Axt, denn sie waren minderen Blutes – nur er selbst stammte, über seine Mutter nämlich, von Gorm, dem Alten, ab. Und nur er sollte herrschen. Doch siehe: Großmütigen Sinnes verschonte er den achtzehnten Bruder, zu seinem Schaden. Jener nämlich floh nach Engelland und kehrte später mit verräterischem Herzen und voller Heimtücke wieder, ihn zu vertreiben. Und Erik zog aus, ein neues Reich zu erobern. Und siehe: Der Meeresgott war mit ihm und seine Schiffe richteten ihre Drachenköpfe gen Engelland. Und Erik eroberte sich ein neues Reich, in dem er herrschte, bis er kämpfend fiel. Und siehe: Die Walküren geleiteten ihn in Odins Halle, wo er sich zu den ruhmreichen Kriegern und seinen heldischen Vorvätern gesellte und seine Taten besungen werden.
(aus dem Runen-Buch der Hallmdjöll-Saga 13, I, 4)

Ein jeder lernt nur, was er lernen kann;
Doch der den Augenblick ergreift,
Das ist der rechte Mann.

(Goethe, Faust I, 2016 ff.)

„Was hast du jetzt vor? Wie sehen deine Pläne aus?" Onkel Antonius konnte nicht aufhören, mich zu nerven. Ich schloß meine Augen und wußte genau, wie die Tirade weitergehen würde: „Mein Junge, du mußt doch etwas machen aus deinem Leben. Ein Ziel vor Augen haben. Meine Güte, ich darf gar nicht daran denken: Die Welt steht dir offen, freie Bahn dem Tüchtigen, du kannst alles, was du willst: reisen, studieren, ferne Länder sehen, neue Menschen kennenlernen, Erfahrungen sammeln. Und was tust du, was tust du den lieben, langen Tag?" An dieser Stelle pflegte er seine Stirn in sorgenvolle Falten zu legen. „Nichts tust du, gar nichts. Du sitzt nur vor dieser Kiste und starrst auf die Mattscheibe!" Mit der „Kiste" meinte er meinen Computer. Daß er mit seinen siebzig Jährchen davon nichts mehr kapiert, kann ich ja verstehen. Und daß es in seiner bürgerlichen Welt keinen Platz gibt für achtzehnjährige Schulabbrecher, die erst mal so ein, zwei Jahre ein bißchen chillen und abhängen wollen, bevor sie sich in die Knochenmühle irgendeines beschissenen Jobs zwängen lassen, ist mir eh klar. Was mich aber aufregt, ist sein moralinsaures Gehabe. Da thront er, ganz Familienpatriarch, mit seinem weißen Bart und seiner stinkenden Pfeife vor der riesigen Bücherwand in einem prächtigen Lehnsessel und macht einen auf betrübt, weil sein einziger Neffe in seinen Augen nicht nur ein schulischer Versager ist, sondern sich außerdem auch völlig desinteressiert zeigt an dem, was seiner Meinung nach das Leben schön und wertvoll macht: Literatur, Kunst, klassische Musik. Das ganze Zeug kann mir gestohlen bleiben, genauso wie der Alte und seine Sprüche: „Ein jeder lernt nur, was er lernen kann; doch der den Augenblick ergreift, das ist der rechte Mann“, pflegt er bedeutungsschwer zu sagen, oder: „Bedenke wohl, mein Lieber: Ehre ist der Tugend Lohn!“ Ich lümmel mich dann nur in meinem Sessel, stelle die Ohren auf Durchzug und warte das Ende der Predigt ab. Ich könnte auch aufstehen und gehen und eigentlich wäre dies das einzig Vernünftige, aber leider ist es so, daß Onkel Antonius in unserer Familie das Geld hat, und nicht mal schlecht, und da muß der einzige Neffe also die beiden Stockwerke zu der geräumigen Mansardenwohnung hinaufstiefeln und seine

Anstandsbesuche machen, damit wir „am Ende nicht mit leeren Händen dastehen“, wie meine Mutter immer sagt.

„Mein Junge, mein Junge, ich verstehe dich nicht!“ Mit diesen Worten endete seine heutige Predigt. Onkel Antonius verstummte und sog an seiner Pfeife, daß es zischte und gurgelte und seine hagere Gestalt in dichten Dampfwolken verschwand.

Stunden später – ich hatte den Anstandsbesuch wieder einmal hinter mich gebracht – saß ich endlich vor dem Rechner, um den Spielstand zu checken: Alles soweit normal, keine unangenehmen Überraschungen. Gerade bei diesem Game durfte man sich nie zu sicher sein. Früher bin ich ständig auf die Nase gefallen und gestorben – ich spielte jetzt schon meinen fünften Charakter –, aber langsam hatte ich den Dreh raus. Und jetzt lief es gerade ziemlich gut. Mit Børe Urkasson, meinem nächsten Nachbarn, hatte ich mich verbündet und den Stinkstiefel Furka „den Schmächtigen“ hatte ich vor zwei Tagen bei einem kleinen Überfall gemetzelt, ha!

VIKING ist echt das geilste Onlinegame aller Zeiten, allerdings bestimmt auch das schwierigste! Das fängt schon bei der Anmeldung an, da wird nicht jeder genommen, da haben nur echte Daddler eine Chance. Natürlich braucht man auch etwas Zeit: VIKING spielt man nicht mal eben zwischendurch, VIKING wird immer gespielt, Tag und Nacht, es ist wie ein zweites Leben, das parallel läuft! Selbst wenn du nicht online bist, geht es weiter. Dein Charakter wird gespielt, du kannst einige Parameter eingeben, die festlegen, wie du auf bestimmte Situationen reagieren willst, und mußt das Beste hoffen. Es ist eigentlich wie im richtigen Leben, und man kann sich echt gut in die Zeit der Wikinger versetzen. Die ganze Welt steht dir offen: Wenn du erst mal schön langsam eine gute Basis aufgebaut hast – ich hatte bereits drei große Höfe, seit vorgestern keine Feinde mehr in der Nähe und zwei ausgerüstete und vollbemannte Langschiffe, die zum Auslaufen bereit waren –, kannst du machen, was du willst: Du kannst Land gewinnen und bestellen und ein reicher Bauer sein oder versuchen, König zu werden. Doch am geilsten ist es, die Segel zu setzen und in eine neue Welt aufzubrechen, die nur darauf wartet, erobert zu werden!

Während ich routiniert meine Erzgruben und Silberminen checkte, dachte ich über Onkel Antonius nach.

Eigentlich hat er Unrecht, fand ich. Ich habe sehr wohl Energie, Ehrgeiz und eine starke Willenskraft, nur richten sie sich bei mir nicht auf ein Abiturzeugnis oder auf das, was er einen „anständigen Beruf" nennen würde. Meine Ziele sehen anders aus: England erobern! Die Normandie plündern! Mit einem wohlbewaffneten Schiff bis nach Spanien vordringen! Das sind meine Ziele, und es gibt auf der ganzen Welt genug Online-Spieler, die meine Ziele teilen und, wie ich finde, schon so etwas wie eine verschworene Gemeinschaft bilden. Gemeinsam wollen wir etwas ganz anderes vom Leben, etwas, das Onkel Antonius sich nicht im entferntesten vorstellen kann! Natürlich kann man so leben, warum denn nicht? Wenn du gut genug bist, kannst du sogar als *Progamer*, also als professioneller Spieler dein Geld verdienen. Aber mir geht es in erster Linie um das Spiel selbst, um die Erregung, die dich packt, wenn du länger als eine halbe Stunde nicht in deiner „richtigen Welt" bist, und um die Befriedigung, wenn deine Pläne aufgehen und du Erfolg hast.

Seit ungefähr einem Jahr war ich mehr oder weniger ständig in der VIKING-Welt präsent; ich war ein echter *vic*, so nennen wir ernsthaften Spieler uns selbst. Und ich glaube, ich hatte mir in dieser Zeit schon so etwas wie einen Namen gemacht: *Rolf Krake*, so hieß mein Charakter, hatte sich nach und nach Achtung und Anerkennung verdient. Ich versuchte, meinem Vorbild und Namensgeber, dem berühmten dänischen König aus der Wikingerzeit, gerecht zu werden. Und nach den ersten Anfängerfehlern hatte ich, wie gesagt, den Bogen schon ganz schön raus.

Mein Traum war es, einmal zum *Holmgang*, zum Zweikampf nach *Walhall*, eingeladen zu werden. Eine solche Einladung erhalten nur die besten und erfolgreichsten Spieler! *Walhall* ist so eine Art Hall of Fame, und wer sich dort mit den größten und besten Kämpfern erfolgreich messen kann, erhält einen eigenen Thronsitz und ein neues Wappen. Die meisten der großen Anführer und Schlachtenlenker in der VIKING-Welt haben den *Holmgang* in *Walhall* bestanden, hinter ihrem Banner scharen sich die anderen Spieler, denn sie sind wirklich die Besten der Besten!

Plötzlich blinkte eine Alarm-Meldung auf meinem Bildschirm. Ich hatte einige Silberbarren in ein Frühwarnsystem investiert: An den Grenzen meines kleinen Besitzes waren an strategisch wichtigen Stellen Truppen postiert, die das Nahen fremder Truppen oder Schiffe schon von

Weitem bemerkten und Alarm gaben. Wie gesagt, nicht ganz billig, aber es hatte sich schon mehrmals bezahlt gemacht.

Ich zoomte mich an die entsprechende Stelle der Karte: Hier näherte sich ein großes Kampfschiff, langsam fuhr es in den Fjord ein, den Friedensschild und nicht den Drachenkopf am Bug aufgesteckt. Das ist auch wieder typisch für dieses Spiel: Man hält sich an die Regeln, es ist eine Sache der Ehre! Ich würde niemals mit aufgestecktem Friedensschild einlaufen, wenn ich einen Hof oder einen Hafen überfallen will. Und so halten es auch die anderen. Ich beobachtete neugierig das Langschiff, das jetzt am Ufer festmachte. Absolut realistisch, eine geniale Grafik, man sieht genau, wie die Bugwelle in sich zusammenfällt, wenn der Anker geworfen wird und das Schiff langsamer wird. Ein mächtiger Wikinger, ein Hüne von Mann, überbrachte mir eine Botschaft, die sich langsam auf dem Bildschirm entfaltete: *Rolf Krake, Herr über drei Höfe, zwei Langschiffe und gerüstete Truppen! Odins Raben berichten, daß Du ein wagemutiger Kämpfer bist, ein Freund dem Freunde, ein Schrecken dem Feinde. Vernimm die Botschaft, die Dich nach Walhall ruft, zum ehrenhaften Holmgang, den dir ausrichten wird Erik Blodøks, auf die Probe zu stellen Deinen Mut und Dein Geschick, ob Du würdig bist einzugehen in die ehrenvolle Halle und das neue Banner zu empfangen aus Seinen Händen.*

Ich starrte ungläubig auf den Monitor. Da war sie, die Chance, auf die ich seit einem Jahr unermüdlich hingearbeitet hatte! Und nicht irgendeiner der großen alten Kämpen – Erik Blutaxt selbst war es, der mich prüfen und ehren wollte! In Spielerforen wird sein Name ehrfürchtig genannt, er muß dabei sein, seitdem VIKING online ist, seine Erfolge und Abenteuer sind ungezählt! Ich ballte die Faust und unterdrückte einen Schrei. Jaaaa! Ich hatte es geschafft!

Nach den heiligen Gesetzen mußte ich, gewappnet mit einem bewährten Schwert und meinem großen Rundschild, sofort die Fahrt antreten auf dem fremden Schiff, das mich in das sagenhafte *Walhall* führen sollte. Schnell richtete ich mit ein paar Klicks meine Höfe und Truppen auf meine Abwesenheit ein, dann bestieg ich das Drachenschiff.

Es führte mich auf eine andere Ebene des Spiels, hier war ich noch nie gewesen. Wir landeten an einer sturmumtosten Felseninsel, auf der sich eine mächtige Burg erhob: *Walhall!* Wie im Traum folgte ich dem Fremden durch lange Gänge und düstere Hallen, vorbei an vielen, vielen Kämpfern. Schließlich gelangten wir in eine große Halle, die hell erleuchtet war. Hohe Thronsitze erhoben sich, über ihnen die bekannten und gefürchteten Wappenschilde. Für all das hatte ich keinen Blick, ich sah nur ihn: Erik Blutaxt! Er sah genauso aus, wie ich ihn mir immer vorgestellt hatte: Ein großer, kräftiger Mann mit langen, grauen Haaren und einem mächtigen weißen Bart, der sich in zwei Spitzen gabelte. Seine schweren Arme stützte er auf ein riesiges Schwert, das vor ihm stand. Aus wasserhellen Augen sah er mich ruhig an.

„*Rolf Krake!*“, sagte er, „*du trägst einen großen Namen. Wirst Du Dich würdig erweisen?*“ Als ob du mich sonst eingeladen hättest, dachte ich und kicherte nervös. Mit schwitzigen Händen tippte ich eine Antwort: „*O Erik Blodøks, prüfe mich, und Du wirst mich würdig finden!*“ Das wäre ja gelacht, dachte ich, ich *lebe* doch praktisch vor dem Computer. Ich kenne mittlerweile alle Tricks, ich habe alle Arten des bewaffneten und unbewaffneten Kampfes wieder und wieder geübt, ich bin bereit! O Mann, was würde es geben? Hoffentlich den Schwertkampf! Ich sah auf die berühmten Wappen der großen Männer, die hier ihren Thronsitz aufstellen durften. Ob man sich ein Wappentier aussuchen durfte? Ich würde einen Greif wählen, der in den Klauen ein Schwert trägt. *„Rolf Krake!“*, kam die nächste Botschaft. *„Folge mir in die Halle des Schwerts!“* Das wird ja immer besser, dachte ich und folgte dem Hünen in einen anderen Raum. Ich rieb meine Handflächen an der Jeans trocken. Jetzt kam es darauf an! Jetzt ging es gegen Erik Blutaxt! Ich ergriff mein Schwert.

Von Anfang an hatte ich nicht den Hauch einer Chance. Mit wuchtigen Schlägen drosch Erik Blutaxt auf mich ein und ich mußte sofort zurückweichen. Meine Finger flogen über die Tatstatur, ich war schnell, aber Erik Blutaxt war schneller. Immer dichter prasselten seine Hiebe, meine Rüstungspunkte schmolzen dahin. Ich duckte mich, sprang hoch, versuchte, einen Treffer zu landen, aber es nützte alles nichts! Das zuckende Schwert meines Gegners bildete eine undurchdringliche Wand und schließlich hieb mir ein mächtiger Stoß mein Schwert aus der Hand. Fassungslos saß ich vor meinem Computer. Wie konnte das sein? Wer konnte so gut spielen?

„Rolf Krake, Du hast die Probe nicht bestanden. Dein Name wird ausgetilgt und soll vergessen sein von nun an! Du bist geächtet und verfemt! Du besitzt keine Ehre mehr! Deine Güter werden eingezogen. Du bist ein Nichts! Schere Dich hinfort und kehre nie wieder zurück!"

Was? Das konnte, das durfte nicht passieren! Sie konnten mich doch nicht rausschmeißen! Mit fliegenden Fingern tippte ich: *„Halt, halt, nein! Ich will es noch einmal versuchen, gebt mir noch eine Chance!"* Prompt kam die Antwort: *„Du kennst die heiligen Gesetze, es ist in den Runen geschrieben: Jeder erhält nur eine Möglichkeit!"* Wieder tippte ich: *„Aber das kann doch nicht sein! Was soll ich tun, bitte, sage mir, WAS SOLL ICH TUN?"* Und Erik Blodøks neigte sich ganz nahe zu mir, sah mir unverwandt in die Augen und sagte bedeutungsschwer: *„Ein jeder lernt nur, was er lernen kann; doch der den Augenblick ergreift, das ist der rechte Mann. Bedenke wohl, mein Lieber: Ehre ist der Tugend Lohn!"*

Ewige Schönheit

Juni 1963

Carla stand am Strand und legte den Kopf in den Nacken. Ihre langen schwarzen Haare glänzten im Mondlicht wie Seide. Sie sah zu den Sternen, die ihr hier, fern von den Lichtern der Großstadt, im unendlichen Wirbel der Milchstraße ganz nahe zu kommen schienen. „Es ist so wunderschön", sagte sie leise, „wie eine Einladung, eine Verheißung, ein Weg, den wir beschreiten sollen." – „Carla, du bist eine richtige Dichterin." Robby war neben sie getreten, aber er schaute nicht in den nächtlichen Himmel, sondern blickte seine Freundin an. Wie eine schlanke Statue stand sie da, umflossen von silbrigem Glanz. Robby konnte nicht fassen, wie schön sie war. Die Ebenmäßigkeit ihrer Züge, ihre vollen Lippen, die ausdrucksvollen Augen, die schmale, gerade Nase, das Kinn mit dem entzückenden Grübchen, das man nur sehen konnte, wenn sie lächelte; all das vereinigte sich zu einem Bild einzigartiger Schönheit. Carla war nicht nur sexy, sie war wirklich schön.

„Was gibt's denn da oben zu sehen?" Auch Amanda und Ben waren jetzt vom Lagerfeuer aufgestanden und kamen zu ihnen. „Schaut in die Sterne“, sagte Carla, ohne ihren Blick vom Firmament abzuwenden. Amanda kicherte beschwipst. „Siehst du unsere Zukunft? Verrate mir, du Schöne, was sie uns bringen wird!“ Auch Ben starrte jetzt angestrengt nach oben. „Seht ihr, da vorne links ist Kassiopeia sichtbar. Und wenn man die Linie verlängert, erkennt man den Orion.“ – „Oh, du bist so unromantisch!“, schimpfte Amanda. Robby sagte: „Ich kann immer nur den großen Wagen erkennen.“ Carla sagte nichts, schaute nur unverwandt in den Nachthimmel. Ben drückte seine Bierdose mit einer Hand zusammen und warf sie hinter sich. „Wer weiß schon, was die Zukunft bringen wird. Mir ist jedenfalls die Astronomie lieber als die Astrologie.“ – Amanda seufzte. „Ich möchte mir jetzt etwas wünschen. Einen Wunsch, den mir die Sterne erfüllen sollen.“ Carla sagte: „Seht doch, wie die Sterne funkeln. Es scheint, als wollten sie uns sagen, daß heute die Nacht der Wünsche ist.“ – „Quatsch!“, sagte Ben, „heute ist die Nacht der Sonnenwende. Die scheinbare geozentrische ekliptische Länge der Sonne beträgt 90 oder 270 Grad und das heißt ...“ – „Jetzt sei kein Spielverderber“, unterbrach ihn Amanda. „Halt uns keine Vorlesungen. Komm, mach mit! Heute ist die Nacht der Wünsche. Der Sternenwünsche.“ –

„Na gut", sagte Robby mit einer tiefen, geheimnisvollen Stimme, „aber dann müssen wir auch die Ordnung der Sterne respektieren." Verwundert blickte ihn Amanda an. „Die Ordnung der Sterne?" – „Ja, du mußt dich an die alten Regeln halten, sonst gehen die Wünsche nicht in Erfüllung." Robby zwinkerte Ben zu und deklamierte: „Es sind die uralten Regeln, im Wissen der Menschheit aufgehoben. Der Wunsch an die Sterne muß in einer klaren Nacht ausgesprochen werden." Ben spielte jetzt mit und nickte ernst. „Ja, in einer klaren Nacht wie dieser." – „Und dann muß es die Nacht der Sonnenwende sein", improvisierte Robby weiter. „Die Nacht der Sonnenwende, wie heute", bestätigte Ben. „Und am wichtigsten ist: Wir dürfen uns nichts für uns selbst wünschen, sondern nur füreinander einen Wunsch aussprechen." – „Nur füreinander wünschen", kam das Echo von Ben. „Das klingt gut, das machen wir so", sagte Amanda begeistert. „Also los, wer fängt an?" Ben räusperte sich und sagte theatralisch: „Hört, ihr Sterne, meinen Wunsch für Amanda. Ich wünsche ihr einen schönen Bräutigam und Kinder, viele, viele Kinder!" Robby und Carla mußten lachen. Amanda stieß Ben in die Rippen. „Du bist ein Ekel! Warte nur! Ihr Sterne, ich wünsche Ben eine steile Karriere als Astronom, bis er alt und verstaubt über seinem Fernrohr hockt." Ben grinste. „Woher kennst du meinen tiefsten Herzenswunsch?", fragte er und alle lachten.

Dann wurde Carla wieder ernst und sagte: „Ich wünsche Robby alles Glück auf Erden!" Verliebt schaute Robby seine schöne Freundin an und sagte spontan: „Ich wünsche dir ewige Schönheit!" – „Na siehst du, so geht das", sagte Amanda spöttisch zu Ben und gab ihm einen Kuß auf die Nase. „Aber für dieses Mal ist es zu spät." – „Bei der nächsten Sonnenwende mache ich es besser", versprach er lachend. – „Na, ob du noch mal eine Chance bekommst, weiß ich noch nicht", erwiderte sie und nahm seine Hand. Gemeinsam gingen sie langsam zum Lagerfeuer zurück.

„Kommst du auch, Carla?" Robby fröstelte. „Meinst du, die Wünsche gehen in Erfüllung?" Carla sah ihn an, ihre großen Augen blickten ernst. „Natürlich, mein Schatz. Du bist die schönste Frau der Welt und wirst es auch immer sein!" Carla lächelte. „Na dann komm, die andern warten. Wir müssen noch aufräumen und du weißt doch, daß ich um halb zwölf zu Hause sein muß." – „Natürlich, meine Teuerste." Robby machte eine komische Verbeugung und reichte ihr seinen Arm. „Darf ich mich so glücklich schätzen, dero Gnaden in die heimischen Gemächer zu geleiten?" – „Du darfst, du Spinner", kicherte Carla und nahm seinen Arm.

Als Carla am nächsten Morgen erwachte, fühlte sie sich benommen. Wie durch einen trüben Schleier sah sie auf die mächtigen, verzweigten Äste einer großen Eiche, die sich wie ein schattiges Dach über die Lichtung wölbten, auf der sie lag. Ihr war kalt. Tauperlen glitzerten auf großen Gräsern, ein dicker Käfer krabbelte dicht an ihr vorbei. Sie konnte keinen klaren Gedanken fassen. Alles war anders, alles roch anders. Sie war nicht zu Hause, in ihrem Bett. Was war geschehen? Ihre Glieder schmerzten, als hätte sie einen furchtbaren Muskelkater. Aus der Ferne wehte ein dumpfer, fremder Gesang zu ihr herüber. Carla versuchte vergeblich, sich aufzurichten und sank wieder ins Gras.

Als sie das nächste Mal aufwachte, hockte eine alte, runzelige Frau neben ihr auf dem Boden. Carla betrachtete sie verwirrt. Schmutzigweißes Haar hing in langen Strähnen herunter und gab nur widerstrebend den Blick auf ein spitzes, knochiges Kinn und dunkle, fast schwarze, wimpernlose Augen frei, die tief in den Höhlen lagen. Die Alte wiegte sich hin und her und rührte in einem irdenen Gefäß. Carla öffnete den Mund, wollte etwas sagen, brachte aber nur einige krächzende Laute hervor. „Schsch ..." Die Alte strich ihr beruhigend über den Arm und setzte ihr den Topf an die Lippen. Sie merkte erst jetzt, wie durstig sie war und trank in großen Schlucken. Es schmeckte anders als alles, was sie jemals zuvor getrunken hatte, bitter und würzig, und sofort breitete sich eine wohlige Wärme in ihr aus und sie schlief wieder ein.

Sie wußte nicht, wie viel Zeit vergangen war, als sie die Augen wieder aufschlug. Die Sonne stand jetzt hoch am Himmel und sie fühlte sich gut, leicht, irgendwie schwebend. Immer noch lag sie auf dieser Lichtung unter der großen Eiche und sie beschloß, daß dies ein wirklich außergewöhnlicher Traum sein mußte. Plötzlich fiel ein Schatten auf sie und wie aus dem Boden gewachsen stand ein untersetzter Mann vor ihr. Seine langen, braunen Haare waren mit einem komischen Kamm aus Holz zurückgesteckt. Carla sah in ein gutmütiges, rundes Gesicht mit klugen braunen Augen. Sie hatte keine Angst. Der Mann kniete nun vor ihr nieder, sein weißes, fließendes Gewand raschelte leise. Er strich ihr das Haar zur Seite und richtete sie auf. Dann griff er in eine Tasche und holte einen silbernen Gegenstand hervor, der im Sonnenlicht gleißte und funkelte. Es war ein Haarreifen oder ein Diadem, das er ihr behutsam auf die Stirn schob. Der ferne Gesang wehte jetzt wieder herüber, er wurde lauter. Carla sah an sich herab. Auch sie trug ein weißes, fließendes Gewand und ihr langes Haar fiel wie ein schwarzer Fächer über ihre Schultern. Der fremde, unmelodiöse Gesang war jetzt deutlich zu hören. Sie sah auf. Eine lange Prozession näherte sich der Lichtung, hagere Gestalten mit weißen, langen Bärten schritten voran, knorrige, mit Girlanden umwickelte Stäbe in der Hand. Wie in Trance stand Carla auf und schritt, geführt von ihrem Begleiter, der Prozession entgegen. Sie tauchte ein in den Gesang, der nun in ihrem Kopf dröhnte, und das leichte, schwebende Gefühl wurde stärker. „Ich bin eine Feder“, dachte sie, „eine leichte, schwebende Feder! Eine wunderschöne, leichte, schwebende Feder!“ Die Farben verschwammen vor ihren Augen und sie mußte plötzlich an Robby denken, an Ben und Amanda. Was für ein schöner Abend, gestern am Strand. Sie merkte nicht mehr, wie sie in der Prozession fortgetragen wurde. Sie spürte nicht mehr, wie der Silberschmuck ihr sorgsam wieder abgenommen und ehrfürchtig dem untersetzten Mann übergeben wurde. Sie dachte an die Sterne und an Robby, dessen bewundernder Blick sich nicht von ihr lösen konnte, als sie langsam in der Dunkelheit versank.

Juni 2008

„Papa, iih, wie eklig!" Das Mädchen schüttelte sich und zeigte anklagend auf die klimatisierte Vitrine. „Boah, voll geil, ej!" Ihr halbwüchsiger Bruder war neben sie getreten und preßte die Nase gegen das Glas. „Voll krass!" – „Du bist widerlich", stellte das Mädchen fest und nahm die Hand ihres Vaters. „Psst, nicht so laut, wir sind hier im Museum, da wird nicht herumgeschrien", sagte der Vater und las aufmerksam die angebrachte Beschriftung. „Mensch, Papa, man kann voll das Gesicht sehen und so!" Der Junge starrte immer noch fasziniert durch das Glas. „Ja, das ist das sogenannte Mädchen aus dem Uchter Moor, der jüngste Moorleichenfund in Deutschland", dozierte der Vater. „Es handelt sich um einen Teenager, zwischen sechzehn und zwanzig Jahre alt, der vor mehr als 2.500 Jahren im Moor versenkt wurde. Die alten Germanen haben so ihren Göttern geopfert." – „Total cool", sagte der Junge ehrfürchtig. Der Vater schob seine Brille in die Stirn und spähte in die Vitrine. „Sie ist sehr gut erhalten, das muß man schon sagen. Sie muß zu Lebzeiten eine wirklich außergewöhnlich schöne Frau gewesen sein." – „Bleibt sie immer so?", fragte der Junge. „Diese Vitrine ist klimatisiert", erklärte der Vater, „wenn sie nicht der Luft ausgesetzt ist, wird diese Schönheit hier ewig erhalten." – „Kommt jetzt weiter", quengelte das Mädchen. „Ich will noch nach oben, ins Planetarium. Ich liebe es, wenn der Sternenhimmel an mir vorbeizieht!"

Ein katholisches Mädchen

Pater Taddeo wurde langsam müde. Die warme Luft stand im Abteil und das gleichmäßige Rattern des Zuges wirkte einschläfernd auf den beleibten Ordensmann. Er legte seufzend sein abgegriffenes Brevier zur Seite und sah aus dem Fenster. Die herbe, norditalienische Landschaft zog langsam vorbei, im flirrenden Dunst verschwammen die fernen Gebirgsketten am Horizont. Domodossola hatten sie schon vor einiger Zeit passiert, die nächste Station war Iselle di Trasquera, der Grenzbahnhof am Südportal des Simplontunnels. Gerade wollte er die Augen schließen, als mit einem Ruck die Abteiltür aufgerissen wurde und eine junge Frau ihren Kopf durch die offene Tür steckte. „Buongiorno, Pater, ist hier noch ein Platz frei?", fragte sie mit einer hellen Stimme. Pater Taddeo machte eine einladende Handbewegung. „Bitte, Signorina, Sie haben die freie Wahl! Nur keine Angst, kommen Sie ruhig herein." Die junge Frau lächelte, als sie ihre große Handtasche auf dem Sitz abstellte und sich dem Pater gegenübersetzte. „Warum sollte ich Angst haben? Hätte ich denn Grund dazu?" – „Nun ja", sagte der Priester bedächtig und lächelte jetzt auch, wobei in seinem breiten Gesicht zahlreiche Falten und Fältchen sichtbar wurden, „nicht jeder reist gerne in Begleitung eines Kirchenmannes." – „Aber ich bitte Sie! Eine bessere Begleitung kann sich eine junge Dame doch gar nicht wünschen", erwiderte die Frau charmant und griff nach ihrer Handtasche, um darin herumzukramen. Pater Taddeo musterte sie bedächtig. Ein hübsches Kind, keine Frage, sicher aus besserem Hause. Ein ausdrucksvolles Gesicht, nur dezent geschminkt. Die langen schwarzen Haare waren zu einer dieser modernen helmartigen Frisuren aufgesteckt. Die junge Frau trug ein elegantes, leichtes Kostüm und hatte die Fingernägel lackiert, was Pater Taddeo mit einem Stirnrunzeln zur Kenntnis nahm. Wahrscheinlich kam sie aus der Großstadt. Der Pater griff wieder nach seinem Gebetbuch, doch er konnte sich nicht recht konzentrieren. Die Frau wirkte jetzt unruhig, nervös, sah aus dem Fenster und dann wieder zum Gang. Pater Taddeo klappte das Buch endgültig zu. „Wohin soll die Reise denn gehen?", fragte er. Sie blickte ihn überrascht an. „Oh, ich fahre zu einer Tante, in die Schweiz. Ich bin seit heute morgen unterwegs, wissen Sie, ich komme aus Venedig." Der Pater glättete eine Falte in seiner langen braunen Kutte. „Ah, Venedig", sagte er begeistert. „Eine wunderschöne Stadt!

Ich erinnere mich an einen Besuch, freilich vor vielen Jahren ..." Der Zug wurde langsamer. „Ach, entschuldigen Sie", unterbrach ihn die Frau, „kommen wir jetzt nicht bald an die Grenze?" – „Jaja, Signorina, in einigen Minuten dürfte es soweit sein." – „Aber es finden doch heute bestimmt keine Kontrollen statt?", fragte die Frau betont gleichmütig. Pater Taddeo sah sie scharf an. „Ich denke schon. Vor allem die Schweizer Zöllner sollen auf dieser Strecke sehr eifrig sein." Die Frau starrte ihn betroffen an. Pater Taddeo kannte seine Pappenheimer. Über viele Jahre hinweg hatte er an der Pforte des alten Kapuzinerklosters gesessen und viele, viele Menschen empfangen. Er erkannte auf Anhieb die Bittsteller und Arbeitslosen, die Mädchen, die von zu Hause ausgerissen waren, die kleinen Ganoven und die Taschendiebe. Und er hatte für jeden ein gutes Wort, einen klugen Rat und immer eine heiße Suppe. Er kniff die Augen zusammen und sagte: „Was hast du denn dabei, mein Kind?" Die Frau sah ihn an und wurde rot. „Dabei? Wieso dabei?" Der Pater deutete auf die Handtasche und schmunzelte. „Was die Zöllner nicht wissen sollen." Verschämt schlug die junge Frau die Augen nieder. „Na, mein Kind, mir darfst du es ruhig verraten. Pater Taddeo ist kein Polizist", sagte er väterlich.

Zögernd griff die Frau in ihre Tasche und zog ein längliches Paket hervor, das in weißes Papier eingeschlagen war. Sie öffnete es an einer Ecke und ein zarter, schwarzer Stoff kam zum Vorschein. „Das ist venezianische Spitze, Klöppelspitze. Es ist nur etwas Wäsche, aber ...“ Sie verstummte.

Der Zug hielt an. Türen schlugen, eine rauhe Stimme bellte einen unverständlichen Befehl. Schnelle Schritte näherten sich. Kurzentschlossen nahm Pater Taddeo das längliche Paket und schob es mit einem raschen Griff in die braune Kapuze seiner Ordenstracht. Dann zwinkerte er der jungen Frau beruhigend zu und lehnte sich zurück. Die Abteiltür öffnete sich. „Zollkontrolle, die Papiere bitte!“ Ein uniformierter Beamter stand in der Tür und streckte verlangend seine Hand aus. Der Priester und die junge Frau gaben ihm ihre Ausweise. „Haben Sie etwas zu verzollen?“, fragte er, während er die Dokumente durchblätterte und zurückreichte. Die Frau schüttelte stumm den Kopf. „Öffnen Sie doch bitte mal Ihre Handtasche“, forderte er sie auf. Sie hob ihm die geöffnete Tasche entgegen, und er warf einen prüfenden Blick hinein. „Und Sie, Pater?“, fragte er dann. Pater Taddeo sagte ungerührt: „Ich habe nur ein paar schwarze Spitzenhöschen dabei!“

Der Zöllner musterte ihn ausdruckslos. Dann lachte er auf. „Ein guter Witz, Pater! Angenehme Weiterreise wünsche ich!" Mit diesen Worten verschwand er und kurze Zeit später fuhr der Zug wieder an.

Erleichtert lehnte sich die junge Frau zurück. Pater Taddeo schmunzelte und gab ihr das Paket zurück. „Ehrlich währt am längsten, sage ich immer, das ist ein Rat, der sich stets bewährt." Die Frau lächelte schüchtern und verstaute die Spitze wieder in ihrer Tasche. „Vielen Dank, Pater, für ihre ungewöhnliche Hilfe! Das vergesse ich Ihnen nicht."

Der Zug fuhr jetzt in den Simplontunnel ein und Pater Taddeo nahm sein Brevier wieder zur Hand. Die Frau schloß die Augen und schien einzuschlafen. Stille breitete sich aus, man vernahm nur ein leises Rascheln, wenn Pater Taddeo eine Seite seines Buches umblätterte. Nach einer Dreiviertelstunde erreichte der Zug die nächste Stadt und fuhr in den Bahnhof ein. Die Frau erhob sich. „Also", sagte sie, „ich muß jetzt aussteigen. Merci vielmals, Pater." Pater Taddeo nickte ihr freundlich zu. „Geh' mit Gott, mein Kind", sagte er und sie verließ das Abteil, die große Handtasche eng an sich gepreßt.

Während Pater Taddeo betend und dösend seinem alten Kloster entgegenfuhr, ging die junge Frau mit schnellen Schritten über den Bahnsteig. Ein Mann, der an einer Säule gelehnt hatte, folgte ihr langsam. Die Frau trat auf den Bahnhofsvorplatz und steuerte den großen Parkplatz an. Sie sah sich suchend um, ging dann zu einem roten BMW, öffnete die Beifahrertür und setzte sich hinein. Einige Augenblicke später riß der Mann die Fahrertür auf und nahm hinter dem Lenkrad Platz. Seine Lederjacke knarrte, als er sich der jungen Frau zuwandte. Eng nebeneinanderstehende Augen musterten sie mißtrauisch. „Hat alles geklappt? Hast du den Stoff?", fragte er ungeduldig. Die Frau seufzte und holte das Paket hervor. Der Mann riß es ihr aus den Händen und öffnete es mit fahrigen Händen. Das Einwickelpapier fiel unbeachtet zu Boden. Der Mann wickelte die schwarze Klöppelspitze ab und starrte auf das weiße Pulver in der Plastiktüte. „Ja, das sind bestimmt zwei Pfund. Hast du dich auch nicht übers Ohr hauen lassen?" – Die junge Frau zündete sich eine Zigarette an und sagte scharf: „Ich mach' das doch nicht zum ersten Mal. Fahr schon los, du Idiot!" Der Mann griente und befühlte das Päckchen. „Ach Baby, immer mit der Ruhe. Wenn wir das erst mal schön gestreckt haben, ist es ein Vermögen wert." Er schob das Paket sorgfältig unter den Fahrersitz und startete den Motor. „Wie schaffst du das eigentlich jedesmal mit dem Zoll?", fragte er, während er den Blinker setzte und vom Parkplatz abbog. Die Frau blies den Rauch gegen die Windschutzscheibe und sagte: „Du weißt doch, ich bin ein katholisches Mädchen." Der Mann sah sie von der Seite an. „Und das ist alles?", fragte er ungläubig. „Das ist alles", antwortete die Frau und grinste.

Gipsy King

Der Ausländer saß auf Platz drei direkt am Fenster und schaute auf die vorbeiziehende bayerische Bilderbuchlandschaft. Eva Krottmann betrachtete ihn aus den Augenwinkeln. Sein abgewetztes braunes Jackett, unter dem ein ausgefranstes Hemd und ein ziemlich häßlicher, braungrün gewürfelter Pullover hervorlugten, die schwarze Hose, die wohl ursprünglich zu einem Nadelstreifenanzug gehörte, und die schiefgelatschten staubigen Schuhe paßten nicht recht zu dem schweren, goldenen Armband und dem protzigen Siegelring, der aufblitzte, wenn der Mann mit seiner rechten Hand die etwas zu langen schwarzen Haare aus dem Gesicht strich. Seine Haut hatte einen fahlen, gelblichen Teint und Eva Krottmann vermutete, daß er zu wenig an die frische Luft kam und sich wahrscheinlich auch ungesund ernährte. Sie saß dem Ausländer schräg gegenüber, auf dem mittleren der drei Plätze. Ihr gegenüber, direkt neben dem Ausländer und ohne von ihm Notiz zu nehmen, hatte sich ein junger Mann in dunklem Anzug niedergelassen, der vielleicht ein Banker oder ein Geschäftsführer sein mochte. Jedenfalls hatte er schon während der ganzen

Fahrt einen dieser tragbaren Computer auf den Knien und tippte emsig ohne aufzuschauen. Eva Krottmann liebte Zugfahrten und beobachtete ihre Mitreisenden unauffällig, aber genau. Sie pflegte sich dann vorzustellen, welchem Beruf ein zufälliger Sitznachbar wohl nachging, ob er Familie hatte und welches Zuhause ihn am Ende seiner Reise erwartete. Eva Krottmann war seit über dreißig Jahren Lehrerin an einer Realschule und hielt große Stücke auf ihre Menschenkenntnis.

So witterte sie auch sofort Ärger, als ein weiterer Fahrgast mit einem knurrenden „'n Morgen!" das Abteil betrat, in eine Dunstwolke von schalem Bier und schlechter Laune gehüllt. Der große, vierschrötige Mann war ohne Gepäck, hatte nur eine Bildzeitung unter dem Arm und ließ sich aufstöhnend auf den Sitz neben der Lehrerin fallen. „Scheißzugfahrten", brummelte er vernehmlich und Eva Krottmann rückte etwas von ihm ab. „Ein unangenehmer Mensch", dachte sie empört. „Keine Manieren, und bereits am frühen Morgen angetrunken!" Mißtrauisch schaute der Mann in die Runde, seine kleinen, trüben Schweinsäuglein verkniffen, das rote Gesicht zu einer verächtlichen Grimasse erstarrt. Der junge Geschäftsmann hatte bei seinem Eintreten nur kurz aufgeblickt, um sich dann wieder seinem Laptop zu widmen. Der Ausländer sah ungerührt aus dem Fenster. Eva Krottmann musterte den Neuen. Teuer, aber nachlässig gekleidet, stellte sie fest. Abgekaute Nägel, Nikotinflecken am rechten Mittelfinger. Gutsituiert, aber heruntergekommen. Vielleicht steckt er gerade in einer Scheidung, oder … „Watt gibt's denn da zu glotzen?" Die Reibeisenstimme riß sie aus ihren Gedanken. Ertappt wandte sie den Kopf, sah aus dem Fenster und überhörte das „Blöde Kuh!", das ihr der Platznachbar hinterherschickte.

Dann wurde es still im Abteil, man vernahm nur das Klicken der Computertasten und das Rascheln der Zeitung. Etwas später hörte Eva Krottmann, die immer noch aus dem Fenster sah und nicht den Mut hatte, sich umzudrehen, das Geräusch eines Schraubverschlusses und das typische Glucksen, das entsteht, wenn eine Flasche mit großen Schlucken geleert wird. Ein scharfer Geruch machte sich breit und der Mann stieß ein wohliges Grunzen aus. „Ohh, das hat gut getan", stieß er hervor. „Was bleibt einem sonst noch in diesem Scheißland?" Jetzt drehte Eva Krottmann den Kopf. Sie war ehrlich empört über diesen

Rüpel und sagte streng: „Ich muß doch sehr bitten!" Der Mann hatte die Augen geschlossen und schien sie nicht zu beachten. Dann sagte er: „Ist doch wahr. Die Firma haben sie mir geschlossen, Wirtschaftskrise, es gibt keine Kredite mehr, die Ehrlichen sind am Ende doch immer die Dummen!" – „Oh!" Die Lehrerin wußte nicht, wie sie auf dieses Bekenntnis reagieren sollte. Angesichts ihres sicheren Beamtengehaltes und der ansehnlichen Pension, die sie als Witwe eines Ministerialrats bezog, hatte die Wirtschaftskrise für sie nur theoretische Bedeutung.

„Und wer ist schuld? Wer ist schuld, frage ich Sie?" Der Mann sah sie jetzt an und deutete mit dem Arm auf den Ausländer am Fenster. „Die Scheißausländer, die Türken und Kanaken, die uns hier die Arbeitsplätze wegnehmen!" Das Klicken der Tastatur verstummte. Eva Krottmann erstarrte. Die Sekunden zogen sich wie zähes Gummi in die Länge. Dann sagte der Ausländer mit weicher Stimme: „Bitteschön, bin ich kein Ausländer, kein Türke. Bin ich Deutscher." Der Vierschrötige lachte auf. „Deutscher? Das glaubste doch selbst nicht!" – „Jawohl, der Herr, bin ich Deutscher. Deutscher Zigeuner, bitteschön", antwortete der Ausländer höflich. Der ungehobelte Mann wurde wütend: „Na wunderbar, wir dürfen mit einem Scheißzigeuner im Abteil sitzen!" Er machte eine fahrige Handbewegung und deutete auf Eva. „Da passen Sie nur auf, meine Dame, daß Ihnen nix geklaut wird. Die Zigeuner klauen doch alle wie die Raben! Die sind ja noch schlimmer als die Polacken!" Eva Krottmann sah, wie der junge Geschäftsmann bei diesen Worten einen kurzen besorgten Blick auf die lederne Aktenmappe neben sich warf und tastete mit der Rechten unwillkürlich nach ihrer Handtasche. Der Ausländer schwieg, ließ sich nicht provozieren und Eva Krottmann reichte es jetzt. Jahr für Jahr war sie mit aufsässigen, frechen Schülern zu Rande gekommen und sie kannte diesen Typ. „Was erlauben Sie sich?", sagte sie scharf. „Dieser Herr mag ein Sinti oder Roma sein, aber das gibt Ihnen noch lange nicht das Recht, ihn zu beleidigen. Er sitzt ganz ruhig hier am Fenster und Sie stürmen das Abteil, betrinken sich ungeniert und machen sich einen Spaß daraus, die Anwesenden zu beleidigen. Wenn Sie sich nicht benehmen können, dann tun Sie uns doch allen einen Gefallen und suchen Sie sich ein anderes Abteil!" Der Mann sank in seinen Sitz zurück, offensichtlich überrascht von der Vehemenz und Schärfe ihres Tons. „Jaja, is' ja gut, is' ja gut …", murmelte er.

Triumphierend sah die Lehrerin den Ausländer an, der ihr dankbar zulächelte. Der Geschäftsmann tippte wieder und Eva Krottmann war sehr stolz auf ihre Zivilcourage.

Wieder kehrte Stille ein, der deutsche Zigeuner sah aus dem Fenster und strich sich das Haar aus dem Gesicht, der junge Mann widmete sich seinem Computer. Der Rüpel war jetzt ruhig, fingerte ab und zu in seinen Anzugtaschen herum, holte schließlich ein Päckchen Zigaretten und ein billiges Plastikfeuerzeug hervor und hatte den Glimmstengel im Mund, bevor Eva Krottmann reagieren konnte. „Bitteschön, ist Rauchen hier nicht erlaubt", sagte der Zigeuner, der den Mann die ganze Zeit beobachtet hatte, mit erhobener Stimme. Der Mann blies eine dicke Rauchwolke aus und sagte: „Is' mir scheißegal, du dreckiger Zigeuner!" – „Warum Sie mich immer beleidigen? Machen Sie aus die Zigarette!" Auch der Ausländer verlor jetzt seine Seelenruhe, er ballte die Fäuste, seine Augen blitzten. Entsetzt beobachtete Eva Krottmann, wie der Streit sich zuspitzte. Auch der junge Geschäftsmann war alarmiert und sah aufgeschreckt hinter seinem Bildschirm hervor. Der vierschrötige Mann sprang auf, die Zigarette klebte in seinem Mundwinkel. „Was willst du von mir, du Penner? Komm her, wenn du Prügel willst!" Auch der Ausländer war jetzt aufgesprungen und schrie: „Das lasse ich mir nicht gefallen, von Ihnen, Sie unverschämter Kerl!" – „Na warte!" Der Mann stürzte sich auf den Ausländer, Eva Krottmann schrie auf, der junge Mann brachte seinen Laptop in Sicherheit. Einige Sekunden herrschte Chaos, der Ausländer steckte grunzend ein paar Schläge ein, konnte aber auch selbst einige Schwinger anbringen, und plötzlich sackte der schwere Mann zusammen, suchte nach Halt, riß dabei die Tasche der Lehrerin herunter und fiel zusammengekrümmt auf den Abteilboden. Dort lag er schwer atmend, der Ausländer hatte offensichtlich keine Schrammen davongetragen, strich sich die Haare zurück und setzte sich wieder. Eva Krottmann löste sich aus ihrer Erstarrung und hob ihre Handtasche auf. „Das ist ja … Das habe ich ja …", stammelte sie, und der Ausländer lächelte sie beruhigend an. „Bitteschön, hat der Kerl genug, keine Sorge, meine Teuerste. Ist alles vorbei!"

Auch der junge Geschäftsmann lächelte vorsichtig, und der Schläger richtete sich stöhnend wieder auf. „Oh, Scheiße, was hast du einen Schlag drauf …", seufzte er und stand schwankend im Abteil. „Das geschieht Ihnen ganz recht!“ Diesen Kommentar konnte sich die Lehrerin nicht verkneifen. „Warten Sie nur, bis der Schaffner kommt. Vielleicht möchte der Herr ja Anzeige erstatten. Wir stehen selbstverständlich als Zeugen zur Verfügung!“ Bei den letzten Worten nickte sie aufmunternd dem jungen Geschäftsmann zu, der sie verunsichert anstarrte.

„Bitteschön, meine Liebe, das ist sehr freundlich, aber ich kann mich ganz gut in meine Haut wehren, wie Sie sehen, was soll Anzeige bringen, ist uns doch nichts passiert“, sagte der Ausländer, und Eva Krottmann fand, daß er zu großzügig war. „Wie Sie meinen“, sagte sie, „aber man sollte solchen Subjekten nicht zu viel durchgehen lassen!“

Das Subjekt stand noch immer mitten im Abteil, seine Rauflust war ihm vergangen. Jetzt fuhr der Zug in den Bahnhof ein und bremste mit einem starken Ruck. Der Mann taumelte kurz, fand wieder Halt und stierte in die Runde. Mit den Worten: „So eine Scheiße, verdammt! Da wirste schon sehen, waste davon hast!“ schob er die Abteiltür auf, taperte durch den Gang und verließ den Zug. Durch das Fenster sahen die drei Passagiere ihm nach, wie er sich mit hängenden Schultern durch den Strom der Passanten schleppte und schließlich in einer Unterführung verschwand.

„Puuh, das ist ja noch mal gutgegangen!“ Zum ersten Mal sprach jetzt der junge Banker, der immer noch mit beiden Händen seinen Computer umklammerte, und lächelte die beiden an. Eva Krottmann lächelte zurück. Der Ausländer stand jetzt auf und sagte: „Bitteschön, es tut mir sehr leid, aber ist mir dieser Schreck in die Knochen gefahren. Werde ich aufsuchen die Toilette!“ – „Ja, machen Sie sich etwas frisch“, sagte Eva Krottmann ermunternd, und mit einem freundlichen Nicken verließ der Ausländer das Abteil.

Nach einigen Minuten ertönte ein schriller Pfiff, und der Zug setzte sich langsam in Bewegung. Der junge Mann blickte aus dem Fenster und sagte: „Komisch. Ich glaube, der Zigeuner ist ausgestiegen. Ist er das nicht, da auf dem Bahnsteig?“ Der Zug fuhr schneller und die Lehrerin spähte vergeblich aus dem Fenster. „Ach was“, sagte sie bestimmt, „der kommt gleich wieder. Schließlich hat er hier jetzt angenehme Gesellschaft.“ Der Banker zuckte mit den Achseln und klappte seinen Laptop wieder auf.

Eva Krottmann lehnte sich zurück, schloß die Augen, schüttelte leicht den Kopf und nahm sich vor, in einer der nächsten Stunden mit ihren Schülern das Thema „Zivilcourage“ durchzunehmen.

Der Zug verließ den Bahnhof und wurde immer kleiner, bis er nur noch ein entfernter, schwarzer Punkt war, der schließlich ganz am Horizont verschwand. Der Zigeuner sah ihm nach und ging dann pfeifend über den jetzt leeren Bahnsteig, marschierte durch die Unterführung und die Eingangshalle und verließ das Gebäude. Nach einigen Minuten verschwand er in einer Kneipe. Bierdunst und Zigarettenqualm schlugen ihm entgegen. Er arbeitete sich durch die Menge und klopfte auf den Tresen. „Zwei Pils, bitte!“ – „Kommt sofort!“, rief der Wirt, und der Zigeuner starrte auf den fleckigen Tresen. Plötzlich stand der vierschrötige Mann neben ihm. Der Wirt reichte die gefüllten Gläser herüber und schweigend stießen die beiden an und tranken durstig. „Was haste?“, fragte der Mann leise. Der Zigeuner lächelte: „Tausend Euro und verschiedene Kreditkarten von dem kleinen Banker. Und du?“ Jetzt grinste auch der Mann. „Die Alte ist gut betucht. Jede Menge Bargeld und in der Tasche hat sie tatsächlich ihren Schmuck spazierengeführt." Der Zigeuner schüttelte den Kopf. „Ts, ts, ts ... Leute gibt's! Prost, Achim!" Der vierschrötige Mann hob sein Glas. „Prost Hermann, alter Zigeuner!" Beim Anstoßen klangen die Gläser hell, aber der feine Ton war im Lärm der Kneipe nicht zu hören.

Schöne neue Welt

Berlin, am 29. Januar 2033, 23:45 Uhr

Lieber unbekannter Leser!

Sie müssen über diesen Brief und über die Anrede erstaunt sein. Wir kennen uns nicht und werden auch niemals die Gelegenheit haben, uns kennenzulernen; mein Name ist völlig unerheblich. Dennoch möchte ich Sie bitten, diese Zeilen zu lesen. Sie sind das Testament eines Mannes, der das größte Opfer gebracht hat, das überhaupt nur denkbar ist: das Opfer der eigenen Existenz.

Gleich werden Sie verstehen. Ich bitte Sie nur um etwas Geduld, damit ich Ihnen meine Geschichte erzählen kann.

Beginnen wir von vorne. Lassen Sie mich etwas über mich selbst erzählen: Zu meiner Zeit ist mein Name – ich darf das in aller Bescheidenheit sagen – kein gänzlich unbekannter. Ich gelte als erfolgversprechender junger Wissenschaftler, der eine große Karriere vor sich hat. Den größten Teil des Jahres arbeite ich an einem renommierten physikalischen Institut in Genf, aber sooft es mir möglich ist, verbringe ich die freie Zeit in meinem geliebten Berlin. Ich habe mir ganz in der Nähe meiner Wohnung ein kleines Labor einrichten lassen und so kann ich meine Arbeit fortsetzen, wann immer ich will.

Ich weiß nicht, in welchem Jahr Sie diesen Brief finden werden – Zeitrefrakturierungen können manchmal sehr ungenau sein, wir haben Abweichungen von bis zu fünfzig Jahren berechnet. Aber vielleicht wissen Sie, daß Mitte der 30er Jahre des 21. Jahrhunderts im Bereich der theoretischen und praktischen Physik ungeheure Fortschritte erzielt werden konnten. Wenn Sie diesen Brief etwa vor dem Jahre 2018 lesen, wird Ihnen mein Bericht wahrscheinlich märchenhaft vorkommen; aber überlegen Sie, welche Fortschritte allein die Alltagstechnik in Ihren letzten Jahrzehnten gemacht hat! Vor einer Generation noch hätte man so eine Entwicklung nicht für möglich gehalten. Und ich kann Ihnen versichern: Diese Entwicklung wird immer schneller voranschreiten, und zwar in allen Bereichen.

Ich selbst arbeite in der Zeitforschung. Seit ungefähr fünfzehn Jahren wird diesem Gebiet der theoretischen Physik vermehrte Aufmerksamkeit gewidmet, und nachdem im Jahre 2023 die theoretische Möglichkeit der Zeitreise bewiesen werden konnte (Nobelpreis für John Gardner, Emmanuel Smith und Alexeji Krabitov), beschäftigten sich Physiker überall auf der Welt fieberhaft mit der Realisierung dieses alten Menschheitstraumes. Seit den ersten tauglichen Praxisversuchen sind nun schon einige Jahre vergangen. Wenn heute Zeitreisen auch noch mit enormen Kosten verbunden und nur wenigen, ausgewählten Wissenschaftlern möglich sind, so wage ich doch vorauszusagen, daß sie spätestens in den Siebzigern ein Massenvergnügen sein werden.

Natürlich unterliegen wir strengsten Auflagen. Die Zeitforschung ist eines der jüngsten Wissenschaftsgebiete und viele Fragen sind noch ungelöst. Wir können in die Zeit hineinreisen (natürlich nur in die Vergangenheit, Reisen in die Zukunft sind nicht möglich, wie die Versuche von Elmer und Rudson gezeigt haben), aber wir wissen noch nicht genau, wie die Zeit eigentlich funktioniert und welche Folgen der Versuch haben würde, die Vergangenheit zu ändern. Deshalb gibt es strenge ethische Richtlinien, an die wir Wissenschaftler gebunden sind.

So sind wir auf unseren Reisen in die Vergangenheit reine Beobachter – aber Sie dürfen mir glauben, daß unsere Erkenntnisse die Geschichtswissenschaften revolutionieren werden. Das meiste ist natürlich sowieso geheim, und Zeitreisen in die jüngsten Abschnitte der Erdgeschichte sind strikt verboten. Zu viele Staaten, auch die Kirche, befürchten sicher zu recht ungeheure Skandale. Der Mantel der Geschichte ist barmherzig, er verdeckt vieles, was besser vergessen bleibt. Aber bereits die Bilder und Filmaufnahmen, die wir aus dem Mesozoikum mitgebracht haben, wurden uns von den Biologen und Klimaforschern buchstäblich aus den Händen gerissen. Wir wissen nun, warum die Dinosaurier ausgestorben sind, und ich kann Ihnen versichern, daß die geläufigen Vorstellungen von diesem Teil der Erdgeschichte in keinster Weise mit der Wirklichkeit übereinstimmen.

Eigentlich müßte ich glücklich sein. Ich bin jung und darf an einem der ambitioniertesten und faszinierendsten wissenschaftlichen Projekte aller Zeiten an entscheidender Stelle mitarbeiten. Ich habe genug Geld und einen netten Freundeskreis, ich fahre den neuen Porsche Cavendish und habe eine hübsche und intelligente Freundin, die mich liebt.

Und doch kann ich all das nicht richtig genießen. Die Bilder lassen mich nicht mehr los. Die Bilder von den

Leichenbergen in den Konzentrationslagern, die Bilder von den Trümmerfrauen in Ruinenstädten, die Bilder von Krieg, Vernichtung, Zerstörung. Schon immer habe ich Adolf Hitler für den größten Verbrecher aller Zeiten gehalten und den Wahnsinn, den er entfesselt hat, für das größte Unheil der Geschichte. Und wie viele andere bin auch ich davon überzeugt, daß der aktuelle Krieg gegen den Terror, daß die verheerenden Anschläge der letzten Jahre, die die Frankfurter Börse und das Weiße Haus dem Erdboden gleichgemacht haben, letztlich auf die Drachensaat zurückgehen, die das Dritte Reich uns hinterlassen hat.

Adolf Hitler ist ein einzigartiges Phänomen der Geschichte. Sicher, es gab in der Weltgeschichte auch andere Verbrechen, andere Monster, anderes Unheil. Hitler unterscheidet sich von allen anderen Verbrechern aber nicht nur durch die ungeheure Größe seiner Schuld und die unabsehbaren Folgen seiner Verbrechen, sondern auch durch die Tatsache, daß all dies untrennbar mit seiner Person zusammenhängt. Ohne ihn wäre es anders gekommen. Und ohne ihn sähe die Welt heute nicht nur anders, sondern auch besser aus.

Sie werden bereits gemerkt haben, welcher Gedanke mich seit einiger Zeit nicht mehr losläßt, welche Überlegung mich Tag und Nacht umtreibt, welche Frage immer mächtiger nach meiner Antwort verlangt: Ist es nicht in höchstem Maße verwerflich, die Zeitreisen nur zu Beobachtungszwecken zu unternehmen? Muß dieser Menschheitstraum nicht einem anderen, höheren Ziel dienen?

Wäre es nicht ein Akt äußerster Moral, in die Vergangenheit zu reisen, um sie nicht nur zu beobachten, sondern um sie zu ändern? Ist uns die Möglichkeit der Zeitreise nicht eigentlich genau zu diesem Zweck geschenkt worden? Um den Unmenschen zu töten, bevor er seine Verbrechen verübt?

Ich denke, daß ich im Grunde ein sehr moralischer Mensch bin und deshalb gar nicht anders kann. Wenn es nur eine kleine Chance gibt, all das Grauen und das Unrecht, den Terror, die Brutalität, den millionenfachen Mord ungeschehen zu machen und eine bessere Welt zu schaffen, dann muß ich sie nutzen.

Das ist meine Überlegung – es ist die einzige Überlegung, die ein moralisch denkender Mensch anstellen kann.

Mir ist klar, daß ich bereit sein muß, mein eigenes Leben, meine eigene Zukunft aufs Spiel zu setzen. Wenn es keinen Zweiten Weltkrieg gegeben hätte, dann hätten sich meine Großeltern wahrscheinlich gar nicht kennengelernt. Meine Großmutter kommt aus Ostpreußen und mußte vor den Russen fliehen. Ohne Krieg, Vertreibung und Flucht hätte sie meinen Großvater, der aus dem Ruhrgebiet stammt, nie getroffen. Ich muß bereit sein, meine Existenz zu opfern. Aber ist das ein zu hoher Preis? Wenn es gilt, so viel Leid, so viel Grausamkeit, so viel Brutalität zu verhindern? Nein, ich kann hier nicht egoistisch argumentieren. Und all die anderen Leben, in die ich eingreifen werde und die, ob sie es wollen oder nicht, letztlich doch auf die eine oder andere Weise von den Umständen des Krieges profitierten? Auch sie können hier nicht ins Gewicht fallen. Mir ist die einmalige Chance gegeben, eine bessere, eine menschlichere Welt zu erschaffen!

Ich habe mich entschieden. Es gibt kein Zurück. Es muß getan werden. Ich bin bereit, mich für eine bessere Welt zu opfern. Ich bin einer der wenigen Menschen, die direkt an diesem Projekt beteiligt sind. Ich bin einer der wenigen Menschen, die überhaupt die Möglichkeit haben, das zu tun, was notwendig ist.

Mein Plan sieht vor, in das Jahr 1910 zurückzukehren, und zwar nach Wien in die Meldemannstraße. Dort werde ich ohne Schwierigkeiten das Männerwohnheim finden, in dem Adolf Hitler zu dieser Zeit untergekommen war. Es dürfte einfach sein, den erfolglosen, geifernden „Kunstmaler" aufzuspüren und ihn in eine dunkle Gasse zu locken. Dort werde ich ihn niederschießen, ironischerweise mit der Waffe, die mein Großvater aus dem Krieg mit heimgebracht hat und die seitdem als Familienerbstück gut gepflegt wurde. Gestern habe ich mir im Grunewald eine einsame Lichtung gesucht und die Waffe ausprobiert. Sie funktioniert noch tadellos und auf kurze Entfernung werde ich mein Ziel nicht verfehlen. Direkt anschließend werde ich zurückkehren. Wenn meine Überlegungen stimmen, wird es mich im Moment meiner Rückreise nicht mehr geben. Die Geschichte wird sich verändert haben. Aber wie gesagt – das Opfer meiner Existenz wiegt wenig, wenn auf der anderen Seite eine bessere Welt in der Waagschale liegt.

Lieber unbekannter Leser! Ich sitze jetzt, in diesem Moment, in meinem Labor. Ich habe alles vorbereitet. Jetzt schreibe ich nur noch diese Zeilen. Bitte verfahren Sie nach Gutdünken mit diesem außerordentlichen Dokument, es würde mich freuen, wenn mein Opfer in der Zukunft nicht vergessen sein wird. Auch wenn ich keinen Grabstein brauchen werde, gefällt mir doch der Gedanke an eine kleine Gedenkplatte zu meinen Ehren. Wir werden uns niemals kennenlernen. Aber ich wünsche Ihnen von Herzen alles Glück auf Erden – in einer anderen, besseren Welt!

Berlin, am 30. Januar 2033, 00:15 Uhr

Alles verlief genauso, wie ich es geplant hatte. Ich erschien (anders kann man es nicht beschreiben) unweit des Männerwohnheims. Es war bereits dunkel, die spärlichen Straßenlampen warfen ein unruhiges Licht, die Schatten zuckten. Langsam schritt ich das Trottoir entlang. Vor mit ragte das Männerheim auf, ein breites Gebäude, das sich zwischen schmucke Gründerzeitbauten zu ducken schien.

Abgerissene Gestalten lungerten auf den Stufen vor dem Portal herum, unterhielten sich leise. Einige blickten neugierig in meine Richtung, aber keiner sprach mich an.

Und jetzt half mir der Zufall! Ich trat zu einem älteren Mann und sagte: „Ich suche Adolf Hitler." Er sah mich abschätzend an, verzog mißmutig das Gesicht, spuckte aus und deutete mit einer knappen Handbewegung in die dämmrige Eingangshalle.

Ich ging einige Schritte in das Halbdunkel hinein. Langsam gewöhnten sich meine Augen an das Schummerlicht. Auf den Bänken, die vor einer unverputzten Wand standen, sah ich einige Männer in unterschiedlichen Stadien der Trunkenheit. Ich näherte mich ihnen und musterte sie.

Dann bemerkte ich ganz am Ende die vertraute Silhouette. Ich kannte sie von unzähligen Bildern und aus Filmen über das Dritte Reich. Es war der arbeitslose Kunstmaler, der einsam auf einer der Bänke kauerte.

Kurzentschlossen schritt ich zu ihm. „Herr Hitler", sprach ich ihn an. Erstaunt blickte er auf. Ich sagte langsam: „Ich habe eine sehr wichtige Botschaft für Sie." Fragend sah er mich an. Ich sagte: „Im Namen einer besseren, neuen Welt!", hob die Pistole und feuerte zweimal, dreimal in seinen Unterleib, eine Kugel in den Kopf. Er stöhnte auf, sackte zusammen, und sofort bildete sich eine große Blutlache. Er war ohne Frage tot. Als der Lärm verhallte, hörte ich Schreien und lautes Rufen. Ein Uniformierter, der sich im Hintergrund aufgehalten haben mußte, lief auf mich zu. Ich verschwand.

Am meisten erstaunt mich die Tatsache, daß ich jetzt wieder hier bin. Haben sich meine Großeltern doch irgendwie kennengelernt, ohne Krieg und Vertreibung? Ein Wunder, ein echtes Wunder! Und doch habe ich es getan! Ich habe die Welt gerettet, ich bin in die Zeit gereist, habe Hitler getötet und bin nun leibhaftig und gesund wieder hier, in Berlin, am 30. Januar 2033. Ich fühle mich gut und doch … Doch scheint sich etwas verändert zu haben. Dieser Raum, die Möbel … Ich erinnere mich an alles, aber es ist irgendwie verändert. Außerdem fehlen einige Dinge. Die Unterlagen sind nicht mehr da, die Apparate, es scheint sich gar nicht mehr um mein Labor zu handeln. Sieht eher wie ein Büro aus. Komisch. Lagen dort nicht die Codes für die Zeitmaschine? Die ... die Zeitmaschine ist weg! Eben war sie noch da und jetzt … Verschwunden! Es scheint, als ob die neue und bessere Zukunft ohne Labors und Zeitmaschinen auskommt. Genau, das ist es! Daran habe ich gar nicht gedacht, so überzeugt war ich davon, daß es mich gar nicht mehr geben würde. Jetzt erwartet mich eine ganz neue Welt! Was bin ich wohl? Bin ich verheiratet? Hat es meine

Freundin überhaupt geschafft? Bin ich vielleicht reich und prominent? Bin ich ein Star? Bei diesem Gedanken muß ich kichern. Ich fühle mich leicht und beschwingt, so fröhlich und ausgelassen, ich will die ganze Welt umarmen: die Welt, die ich verändert habe und die mir so unendlich viel Gutes verdankt!

Ich will mich meiner neuen Welt stellen. Wie spannend alles sein wird! Ich bin ein glücklicher Mann, als ich die Tür des Büros öffne.

Ich trete in ein Blitzlichtgewitter. Geblendet fahre ich zurück, es braust in meinem Kopf. Rufe, Schreie, „Hoch soll er leben!", schallt es. Vor meinem Büro präsentiert eine ganze SS-Ehrenkompanie das Gewehr! „Dem Herrn Oberstgruppenführer die herzlichsten Glückwünsche zum Geburtstag!", schnarrt ein schneidiger Offizier in schwarzer Uniform. Fotografen und Reporter schwirren durch den Raum. Jutta, die hübsche BDM-Propagandabeauftragte, überreicht mir einen großen Blumenstrauß. Damit habe ich nicht gerechnet. Diese Burschen! Ist es ihnen doch wieder einmal gelungen, mich zu überraschen. Aber eine solche Feier habe ich nach meinen Siegen in Kanada und am Ural auch verdient. Die gesamte Parteielite ist da. Und sogar das Fernsehen! Der große Saal ist wunderschön mit roten Ha-

kenkreuzfahnen dekoriert. Ich klopfe meinem Adjutanten Schröder auf die Schulter. „Gut gemacht, Schröder, ganz famos", sage ich „Bin sehr beeindruckt!" „Danke, und alles Gute zum Geburtstag", antwortet Schröder und nimmt Haltung an. „Es lebe die Waffen-SS! Heil Himmler!"

Schwarze Pädagogik

„Herzlich willkommen, mein lieber Schobert, herzlich willkommen!“ Rektor Alverkamp schüttelte mir begeistert die Hand und wollte sie gar nicht mehr loslassen. „Ich freue mich, Sie endlich persönlich kennenzulernen!“ – „Die Freude ist ganz auf meiner Seite“, sagte ich höflich und versuchte, mein Erstaunen zu verbergen so gut es ging. „Kommen, Sie, kommen Sie, immer hinein in die gute Stube!“ Er legte seinen kurzen Arm um meine Schulter und führte mich in sein Büro.

Ich weiß nicht genau, was ich erwartet hatte, jedenfalls nicht diesen kleinen, dicken Kerl, der wie ein Gebrauchtwagenhändler aussah. Den Rektor einer der erfolgreichsten Hauptschulen des Landes hatte ich mir jedenfalls ganz anders vorgestellt.

Als ich Rektor Alverkamp folgte, bereute ich meinen Entschluß bereits wieder. Was sollte ich an einer städtischen Hauptschule? Nach meinem erstklassigen Staatsexamen und einem sehr gelungenen Referendariat an einer der führenden Schulen des Landes hatte ich tatsächlich die berühmte Qual der Wahl. Jede Schule hätte mich mit

Kußhand genommen, und es lagen mir bereits zwei sehr gute Angebote renommierter Privatschulen vor. Kleine Klassen, die Arbeit mit modernsten Medien und ausgefeilten didaktischen Konzepten, die Möglichkeit der Begabtenförderung und Erziehung im Sinne einer umfassenden formatio, einer Bildung, die mehr ist als bloße Wissensvermittlung, kurz: ideale Bedingungen, die ich mir immer gewünscht hatte.

So war meine Bewerbung um eine Stelle an dieser städtischen Hauptschule eher einer Laune entsprungen. Ehrlich gesagt war ich neugierig, sehr neugierig sogar. Denn im Kollegenkreis, am Stammtisch der Referendare und in verschiedenen Internetforen für Lehrer wurden wahre Wunderdinge von der Lettow-Vorbeck-Hauptschule gemunkelt. Sie lag in einem Stadtteil, in dem mehr als 80 Prozent der Bevölkerung über einen Migrationshintergrund verfügte und der regelmäßig in den Schlagzeilen war – als Paradebeispiel für eine völlig mißlungene Integrationspolitik, überbordende Jugendkriminalität und Verhältnisse nicht unähnlich denen in den mieseren Vierteln der New Yorker Bronx. Ausgerechnet hier hatte eine Hauptschule erstaunlichen Erfolg. Wo andere Schulen Sicherheitsdienste in Anspruch nehmen mußten und Einlaßkontrollen vornahmen, um das Einschmuggeln von Messern und Handfeuerwaffen zu unterbinden, schien die Lettow-Vorbeck-Schule eine Insel der Seligen zu sein. Die beiden großen grauen Schulgebäude standen inmitten eines blitzsauberen Schulhofes. Nicht ein Papier, nicht eine Kakaotüte lag herum – ein seltener Anblick. Als ich vom Lehrerparkplatz zum Hauptgebäude schritt, fiel mir die friedliche Ruhe auf, die den Schulhof beherrschte. Natürlich liefen Schüler in Massen herum, sie redeten, lachten, bildeten Gruppen und Grüppchen – doch jene unterschwellig bedrohliche Atmosphäre, die gerade Hauptschulen mit hohem Ausländeranteil so oft eigen ist, fehlte völlig. Zweimal wurde ich sogar mit einem freundlichen „Guten Morgen!" gegrüßt, und als ich das Foyer betrat und einen älteren Schüler nach dem Sekretariat fragte, nahm dieser seine Baseballkappe ab, grüßte höflich und führte mich zum Büro. Dort wies er auf die Tür und verabschiedete sich mit einer knappen Verbeugung.

Ich war sprachlos, hatte ich doch in meiner bisherigen Schulkarriere weder als Schüler noch als angehender Lehrer so etwas jemals erlebt. Und während ich in dem gemütlichen Büro bei einer sehr netten Schulsekretärin auf das Erscheinen von Rektor Alverkamp wartete, fiel mir das Wort ein, nach dem ich im Unterbewußtsein gesucht hatte, seitdem ich auf dem Schulparkplatz aus meinem Wagen gestiegen war: Respektabilität – das war es. Die Schule strahlte eine freundliche, gelassene Respektabilität aus.

Wenn man den Gerüchten Glauben schenken wollte, war dies zugleich eine äußerst erfolgreiche Anstalt. Die Zensuren der Abschlußklassen lagen weit über dem Durchschnitt, sehr viele Schüler wechselten nach ihrem Hauptschulabschluß auf eine weiterführende Schule, fast alle übrigen erhielten sofort eine Lehrstelle und wurden als fleißige, freundliche und anstellige Mitarbeiter gerühmt.

Und dennoch lag ein Geheimnis über dieser Schule. Rektor Alverkamp war seit knapp zehn Jahren mit der Leitung der Schule betraut, und als er seine Aufgabe antrat, soll die Schule in einem desolaten Zustand gewesen sein. Wie war ihm in so kurzer Zeit eine solche Veränderung gelungen? Sicher war, daß viele ältere Kollegen die Schule verlassen hatten und der Großteil des Kollegiums von jungen, modernen Lehrkräften gebildet wurde. Ich spekulierte, daß Alverkamp durch eine geschickte Personalpolitik den Weg für neue didaktische Methoden gebahnt hatte. Konfliktbewältigungsseminare, themenzentrierte Interaktion, gezielte Förderung einzelner Schüler und kleine Lerngruppen mußten unbedingt der Schlüssel dieses Erfolges sein. Und doch wußte man über die Schule nicht viel, Rektor und Lehrerkollegium lehnten jede Öffentlichkeitsarbeit strikt ab, gaben keine Interviews, und von Eltern und Schülern hörte man nur Gutes.

Wie gesagt – ich hatte überhaupt keine Vorstellung von dem, was mich erwartete, jedenfalls schien Alverkamp nicht in das Bild zu passen, das ich mir bis jetzt von der Schule gemacht hatte. Er bot mir einen Platz in einem gemütlichen Sessel vor seinem großen Schreibtisch an, hinter dem er sich ächzend niederließ. „Mein lieber junger Freund! Ich freue mich, Sie endlich persönlich kennenzulernen! Kaffee? Tee? Etwas Gebäck? Wie gefällt Ihnen unsere Schule?“, sprudelte es aus ihm heraus. „Danke, eine Tasse Kaffee nehme ich gerne“, sagte ich, „und die Schule gefällt mir bislang sehr gut. Sie wirkt so … freundlich!“ – „Zwomal Kaffee, bitte!“, dröhnte Alverkamp in die Gegensprechanlage und rieb sich die Hände. „Ja, mein Lieber, das freut mich. Das freut mich sogar außerordentlich. Ich denke, daß Sie genau der Richtige sind, um unser Kollegium zu ergänzen. Genau der Richtige!" Die nette Schulsekretärin kam mit einem Tablett in das Büro und servierte Kaffee und einen Teller mit Gebäck. Im Gehen schenkte sie mir ein richtiges Lächeln und ich bemerkte, daß sie erheblich jünger und erheblich gutaussehender war, als es auf den ersten Blick schien. „Englisch und Mathe, hm?", riß mich Alverkamp aus meinen Betrachtungen. „Das brauchen wir, das paßt. Warum wollen Sie zu uns kommen? Sie müssen doch ganz andere Angebote haben, bei Ihren Leistungen!" Der Rektor sagte das ganz ernst, während er seinen Kaffee ausgiebig umrührte. Aber lag nicht auch ein Hauch von Spott in seinen Worten? Ich wurde unsicher. „Nun, um ganz ehrlich zu sein, war ich neugierig. Man hört so viel Gutes über die Lettow-Vorbeck-Schule … Und ich dachte, ein Ort wie dieser, wo offensichtlich ganz neue didaktische und methodische Modelle zum Einsatz kommen, könnte das Richtige für mich sein." Ich machte eine Pause, dann setzte ich hinzu: „Und natürlich suche ich die Herausforderung!" – „Glänzend, ausgezeichnet!" Rektor Alverkamp strahlte jetzt wieder. „Das habe ich mir gedacht! Sehr gut, sehr gut." Er stützte seine fleischigen Hände auf der Schreibtischplatte ab und beugte sich leicht nach vorne. Seine Augenbrauen schossen in die Höhe und er sagte: „Wissen Sie, wie viele Bewerbungen ich für diese Stelle bekommen habe?“ Ich zuckte leicht mit den Achseln. „Zweihundertzehn! Das müssen Sie sich mal vorstellen!“ Er sank in seinen Drehstuhl zurück. „Zweihundertzehn! Und nur drei Kandidaten habe ich mir kommen lassen. Ich lade immer nur die Besten ein. Das spart Zeit und unnötige Mühe. Wissen Sie, nicht jeder taugt für mein Konzept, aber bei Ihnen, bei Ihnen habe ich ein gutes Gefühl!“ Er klopfte auf die Akte, die meine Zeugnisse und Beurteilungen enthielt. Wider Willen fühlte ich mich geschmeichelt. „Das ist wirklich sehr freundlich“, sagte ich. „Können Sie mir denn etwas mehr über dieses Konzept erzählen?“ Alverkamp schloß die Augen und sagte: „Sehen Sie – zunächst müssen Sie die Ergebnisse sehen, die Erfolge, die Früchte unserer gemeinsamen Arbeit. Sie sagen, die Schule wirkt freundlich. Und das stimmt. Wir erziehen unsere Schüler dazu, respektvoll und freundlich miteinander umzugehen. Höflichkeit ist ein Wort, das hier ganz groß geschrieben wird.“ Er öffnete die Augen und sah mich an. „Und dann geht es natürlich um die schulischen Leistungen.

Ich erwarte viel – von meinen Lehrern, aber auch von meinen Schülern. Mein Konzept ist kein großes Geheimnis. Es beruht auf einer einzigen Grundlage: Disziplin. Wissen Sie, was Sie an der Universität und bei Ihren Ausbildungsseminaren gelernt haben, taugt nicht für einen Stadtteil wie diesen. Sie können den ganzen modernen Firlefanz vergessen!“ Ich sah den dicken Rektor sprachlos an und glaubte, mich verhört zu haben. „Wie bitte?“ – „Sie müssen nicht erschrecken, mein Lieber, am Anfang hört es sich etwas ungewöhnlich an, aber das gibt sich mit der Zeit. Wir haben Schüler aus fünfundvierzig unterschiedlichen Ländern, drei Viertel aller Schüler sprechen nur unzureichend Deutsch. Und doch gibt es hier keine Gewalt, keine Übergriffe auf Lehrer. Hier wird gelehrt und gelernt, und wenn meine Schüler diese Anstalt verlassen, dann haben sie glänzende Aussichten. Und das wissen sie, und deshalb funktioniert es. Zu ihrem eigenen Besten. Wenn Sie hier unterrichten, wird man Sie mit Respekt behandeln. Meine Lehrer haben es nicht nötig, sich künstlich Autorität zu verschaffen. Sie wollen Lehrer sein? Sie wollen junge Menschen erziehen? Hier können Sie das tun. Hier werden Sie gerne Lehrer sein!“ – „Ja, aber …“, wandte ich ein. „Nichts aber, mein Lieber. Ich möchte ganz offen zu Ihnen sein. Sie werden sich fragen, wie man das schaffen kann: einen Ort, an dem ungebildete, zum größten Teil ausländische Schüler aus kriminellen und sozial äußerst schwachen Familien wirklich erzogen werden! Wirklich etwas lernen! Wirklich eine Chance bekommen, in unsere Gesellschaft und vor allem in unseren Arbeitsmarkt integriert zu werden! Das schaffen Sie nicht mit Elitegedöns, Konfliktbewältigungsstrategien und kleinen Lerngruppen. Wir haben hier in jeder Klasse an die vierzig Schüler. Doch ich garantiere Ihnen: Egal, in welches Klassenzimmer Sie schauen: Nirgendwo gibt es Geschrei, überall können Sie eine Stecknadel zu Boden fallen hören, so konzentriert wird hier gearbeitet. Hier gibt es keine Lehrer, die von Schülern gemobbt werden und keine Lehrerinnen, die in Tränen aufgelöst aus dem Unterricht stürzen. Meine Lehrer arbeiten gerne hier! Sie können hier lehren und wirken – und warum? Weil hier Disziplin herrscht!“ Rektor Alverkamp hielt erschöpft inne und leerte die Kaffeetasse mit einem großen Schluck. Du meine Güte! Der Mann vertrat ja Ansichten aus dem 19. Jahrhundert! Ein Witz war das, ein einziger Witz! Wie konnte es heutzutage so etwas geben? Alverkamp mußte mir meine Verstörung angesehen haben, denn jetzt lächelte er mir wieder freundlich zu. „Ja, mein Lieber, das mag sich etwas ungewöhnlich anhören, aber wissen Sie: Es funktioniert! Es funktioniert tatsächlich, und ich denke, wenn Sie sich hier erst eingewöhnt haben, dann werden Sie sehr gut zu uns passen. Wissen Sie was, ich mache Ihnen einen Vorschlag. Schauen Sie sich heute ruhig einmal alles an, besuchen Sie eine Unterrichtsstunde, sprechen Sie mit den Kollegen, machen Sie sich ein Bild. Und dann schlafen Sie noch mal in aller Ruhe eine Nacht drüber und morgen geben Sie mir Bescheid." – „Ja, ja das werde ich tun, vielen Dank, ähh …" Ich kam ins Stottern und mußte mich zusammenreißen. „Ich … ich schaue mich um und gebe Ihnen morgen früh Bescheid." – „Glänzend, prächtig, mein Lieber!" Alverkamp strahlte jetzt wieder wie ein Honigkuchenpferd, wuchtete sich mit einer überraschenden Behendigkeit hinter seinem Schreibtisch hervor und brachte mich zur Tür. „Ich weiß, daß Sie sich für uns entscheiden werden, das wird ganz wunderbar, ich freue mich schon!" Wieder ergriff er meine Hand wie einen Pumpenschwengel und ich war froh, als sich die gepolsterte Bürotür hinter ihm schloß.

Die attraktive Sekretärin lächelte mich wissend an. „Frau Levkowitz wartet draußen. Sie wird Sie etwas herumführen. Schön, daß Sie jetzt bald bei uns sind!" – „Ja, vielleicht, ich weiß noch nicht recht ...", sagte ich, nickte ihr zu und schloß die Tür des Sekretariats hinter mir.

War die Schulsekretärin bereits eine angenehme Überraschung gewesen, so war Hanna Levkowitz (Deutsch/Geschichte) eine Offenbarung. Ein engelsgleiches, zierliches Wesen mit langen, weizenblonden Haaren, die ihr fast bis zur Taille reichten. Ich betrachtete voller Wonne eine Traumfigur, einen Teint wie Sahne und Pfirsich, ein süßes Lächeln aus kirschroten Lippen und lange, wohlgeformte Beine. „Diese Schule steckt voller Überraschungen", sagte ich und erntete ein fröhliches Lachen. „Sie müssen Marcus Schobert sein", sagte sie. „Ich bin Hanna, Hanna Levkowitz, und der Chef" – sie deutete mit einem Nicken Richtung Büro – „hat mich gebeten, Sie etwas herumzuführen. Sie möchten bei uns anfangen? Oder hat Sie die Predigt des Rektors zu sehr erschüttert?" Ich atmete auf. Das war ja nicht nur eine ausgesprochen hübsche Kollegin, sie schien auch recht normal zu sein. „Ja, ehrlich gesagt, war ich schon etwas erschrocken, also meine Güte, immer nur Disziplin, ich weiß nicht so recht ..." Hanna Levkowitz lachte wieder. „Ach ja, wir waren alle zuerst etwas erschrocken. Aber der Rektor hat Recht. Es funktioniert. Die Schule funktioniert. Die Schüler sind höflich, die Kollegen sind sehr nett und der Chef hat wirklich das Herz auf dem rechten Fleck. Er reibt sich förmlich auf für die Schule!" – „Wenn Sie das sagen ...", murmelte ich. „Ja, das ist tatsächlich so!" Sie lächelte mich wieder an und führte mich durch die Schule.

An diesem Vormittag wuchs mir die Lettow-Vorbeck-Hauptschule ans Herz. Betrat ich ein Klassenzimmer, so erhoben sich die Schüler wie ein Mann und schmetterten einen fröhlichen Gruß. Die Kollegen, die ich kennenlernte, machten einen anständigen, kompetenten Eindruck. Die Räume und Flure waren hell und sauber, nirgendwo eine Schmiererei, nirgendwo ein Graffiti. Die Schule verfügte über eine geräumige, moderne Kantine, wo Schüler und Lehrer gemeinsam aßen, und das Essen war erstaunlich gut. Natürlich trug auch Hannas Gegenwart ganz entscheidend zu meinem Wohlbehagen bei. „Ja, ich denke schon, hier könnte ich mich wohlfühlen", sagte ich, als Hanna uns nach dem Essen noch eine Tasse Kaffee geholt hatte. Ich deutete auf einen Jungen aus der sechsten oder siebten Klasse, der allein am Nachbartisch saß und nur ein Glas Mineralwasser vor sich stehen hatte. „Ist ihm schlecht?" Hanna sah auf. „Juan? O nein, er fastet heute. Er hat seine Hausaufgaben vergessen und da ist ein Fastentag fällig!" Ich lachte ungläubig. „Ein Fastentag? Was soll das denn heißen?" Hanna sah mich ernst an. „Das heißt, er wird heute nichts essen. Er erhält ausreichend Wasser und auch Vitamine, machen Sie sich keine Sorgen. Und wissen Sie was: Morgen wird er seine Hausaufgaben bestimmt dabei haben." Keine Frage, Hanna machte sich über mich lustig. „Das ist doch nicht Ihr Ernst!", sagte ich. Hanna stand auf. „Kommen Sie, ich möchte Ihnen etwas zeigen!" Unsicher folgte ich ihr, während sie weiterredete. „Ich glaube, Sie haben unser Prinzip noch nicht richtig verstanden. Wie hat Ihnen die Besichtigung heute morgen gefallen?" – „Sehr gut", mußte ich zugeben. „Also", sagte sie sachlich „und wie, glauben Sie, ist so etwas an einer solchen Schule möglich?" Ich wußte nicht recht, was sie hören wollte. „Disziplin?", riet ich. „In der Tat. Disziplin. Aber das muß man erst lernen. Bei uns geht das ziemlich schnell." Wir waren jetzt im Untergeschoß angekommen und Hanna öffnete eine Stahltür. „Hier ist der Karzer." Ich sah in einen kahlen Raum, der nur einen Tisch und einen Stuhl enthielt. „Wenn Juan seine Hausaufgaben ein zweites Mal vergessen sollte, sitzt er nach der Schule einige Stunden hier im Karzer und hat die Möglichkeit, sie nachzuarbeiten." Ich war entgeistert. „Sie wollen nicht sagen, daß Sie hier Schüler einsperren! Das ist Freiheitsberaubung!" – „Quatsch", sagte Hanna und lächelte mich an. „Das ist Disziplin. Nach zwei, drei Stunden im Karzer vergißt keiner mehr seine Hausaufgaben." – Ich starrte die schöne Frau ungläubig an. Jetzt lachte sie auf. „Tja, wir mußten uns alle erst an die neuen Methoden gewöhnen. Aber jetzt mal im Ernst: Den Kindern geschieht nicht das Geringste und sie lernen auf diese Weise schnell. Und so häufig kommt es auch gar nicht vor. Der Abschreckungseffekt ist enorm!" Sie schritt weiter den Flur entlang und deutete auf ein Gestell, das an der Wand befestigt war. „Hier sind die Rohrstöcke. Für die Wiederholungstäter. Rektor Alverkamp schneidet sie selbst zurecht." – „Hier werden Schüler geschlagen?", fragte ich ungläubig. „Aber Hallo! Sie glauben gar nicht, wie nachhaltig der Effekt der körperlichen Züchtigung ist. Wir brauchen hier keine Klassenkonferenzen, keine Briefe an die Eltern, keine Schulverweise. Es ist ein sehr faires System. Die Schüler wissen Bescheid. Wer wiederholt gegen die Schulordnung verstoßen hat, holt sich seine Schläge ab und damit ist die

Sache aus der Welt." Ich war fassungslos. Hinten im Gang quietschte eine Tür. Eine Schülerin kam auf uns zu und grüßte höflich. Hanna sprach sie an. „Hallo Yvonne, das ist Herr Schobert. Er wird bei uns anfangen und ich zeige ihm gerade unsere Rohrstöcke." Yvonne, ein Mädchen von fünfzehn oder sechzehn Jahren, grinste mich an. „Au Backe, mit denen habe ich auch schon mal Bekanntschaft gemacht. Sechs Schläge, auf die bloße Hand. Tja, selbst schuld, wenn man sich auf dem Schulhof mit einem Joint erwischen läßt. Naja, da war ich noch nicht lange hier. Aber, Herr Schobert, es hat geholfen! Mit der Kifferei bin ich durch. Schön, daß Sie jetzt hier sind. Ich hoffe, wir bekommen Sie auch mal. Was unterrichten Sie denn?" – „Mathe und Englisch ...", stammelte ich, und mit einem: „Prima, ich liebe Englisch! Auf Wiedersehen!" hüpfte sie davon.

Hanna sah mich an. „Sehen Sie, es ist gar nicht so schlimm, wie es auf den ersten Blick aussieht. Wir sind keine Monster. Wir lieben unsere Schüler. Und die Schüler lieben uns. Und das funktioniert, weil hier wirklich Disziplin herrscht." Ich konnte nur noch matt nicken und Hanna nahm mich am Arm und führte mich wieder in das Schulfoyer. „Nehmen Sie sich die Sache nicht so zu

Herzen. Es ist wirklich nichts dabei. Nur so kann unsere Schule funktionieren. Und sie funktioniert gut, sehr gut." Sie deutete auf den stetigen Strom der Schüler, der sich an uns vorbei auf die Straße ergoß. Der Unterricht war für heute zu Ende. Es war ein friedliches, harmonisches Bild. „Wir alle hängen sehr an Rektor Alverkamps Methode. Sehen Sie doch, wie zufrieden die Schüler sind! Wir sind hier wie eine große glückliche Familie!"

Sie hatte Recht! Auf irgendeine Weise, die ich noch nicht verstand; auf irgendeine verquere und paradoxe, kranke Weise hatte sie Recht. Ich dachte an alles, was ich heute gesehen hatte. Die konzentrierte und zugleich entspannte Stimmung in den Klassenzimmern. Die lockere und freundliche Weise des Umgangs zwischen Schülern und Lehrern. Die jungen, kompetenten, heiteren Kollegen. Die gepflegte Anlage, die Räume, die zum Lernen einluden. Das war wirklich eine glückliche Schule, wenn es so etwas überhaupt geben konnte.

Ich starrte noch auf die Schüler, die den Schulhof überquerten, als sich eine fleischige Hand auf meine Schultern legte. Unbemerkt war Rektor Alverkamp zu uns getreten. „Na, mein Lieber, haben Sie sich alles zeigen lassen? Hat Frau Levkowitz Sie herumgeführt?“ – „Jawohl, Herr Rektor“, beeilte ich mich zu sagen und merkte erstaunt, wie ich unbewußt versuchte, meine Schultern zu straffen und eine vernünftige Haltung anzunehmen. „Sehr ungewöhnlich, aber sehr interessant“, sagte ich. Alverkamp strahlte: „Ausgezeichnet, ausgezeichnet, mein Lieber! Ich bin davon überzeugt, daß Sie sich für uns entscheiden werden. Lassen Sie es mich morgen wissen!“ – „Ganz bestimmt, Herr Rektor“, versicherte ich und machte einen Diener. Hanna Levkowitz lächelte mich wieder an, daß es mir durch und durch ging. Ich nahm ihre schmale, warme Hand, die sie mir reichte. „Auch ich würde mich sehr freuen“, sagte sie, „wenn wir bald Kollegen sind!“ – „Vielen Dank für die Führung. Sie waren sehr freundlich, auch wenn mir einiges noch etwas merkwürdig vorkommt“, antwortete ich und ließ ihre Hand widerstrebend los. Dann trat ich durch das Portal. Langsam und nachdenklich ging ich mitten durch freundliche Schülergruppen zum Parkplatz.

Rektor Alverkamp und Hanna Levkowitz sahen dem jungen Lehrer nach. „Der Arme wirkte ja richtig schockiert“, stellte der Rektor fest und sah die schöne Lehrerin besorgt an. „Sie haben es doch nicht übertrieben?" – „Keine Sorge, Herr Rektor", sagte Hanna Levkowitz und betrachtete die kleiner werdende Gestalt von Marcus Schobert. „Schwarze Pädagogik wirkt gerade auf die jungen Kollegen zunächst etwas befremdlich. Aber er wird sich schon daran gewöhnen." Rektor Alverkamp runzelte die Stirn. „Meinen Sie, er wird sich für uns entscheiden?" Hanna strich sich mit einer zärtlichen Geste eine Haarsträhne aus dem Gesicht. „Der kommt", sagte sie bestimmt, und ein feines Lächeln umspielte ihre zarten Züge.

Der Soldat

„Geschichte ist die Beute, welche die Sieger im Triumphzug mit sich führen, zur Demütigung, zur Kränkung und Verächtlichmachung der Besiegten."

Walter Benjamin

Regungslos wie eine Statue stand der alte Offizier auf dem Wall und spähte in die Dunkelheit des fremden Landes. Dort lagerten sie irgendwo in unordentlichen Haufen, wahrscheinlich betranken sie sich am Abend vor der Schlacht. Ein barbarisches Volk, ohne Disziplin. – „Du siehst müde aus, mein Freund." Lautlos war sein General neben ihn getreten. Sanft legte er ihm eine Hand auf die Schulter, was nicht ganz einfach war, überragte ihn der Untergebene doch um mehr als zwei Haupteslängen. „Warum legst du dich nicht etwas nieder, um Kraft zu schöpfen?" Der Offizier grinste schief. Er fühlte eine Müdigkeit, die einige Stunden unruhiger Schlaf auf dem harten Feldlager nicht lindern konnten. An diesem Abend, vor der hoffentlich letzten Schlacht dieses langen, entbehrungsreichen Feldzugs, spürte er eine tiefe Erschöpfung. „Bald, Herr, werde ich ruhen können. Aber jetzt noch nicht." Stumm musterte der General den altgedienten Offizier. Er kannte ihn seit vielen Jahren, der bärbeißige Hüne war nacheinander sein unerbittlicher Ausbilder, väterlicher Mentor, zuverlässiger Kamerad und schließlich ein guter Freund, ein Bruder geworden. Meilenlange Märsche unter der glühenden Sonne, endloses Exerzieren in der staubigen Wüste und blutige Schlachten hatten aus einem zusammengewürfelten Haufen Soldateska eine harte, disziplinierte Truppe geschmiedet und die beiden Männer auf jene tiefe Weise verbunden, die nur Soldaten eigen ist, die miteinander und füreinander leben, kämpfen und sterben. Der General wußte, daß er sich auf seinen Freund unbedingt verlassen konnte. So oder so würde sich das kleine, rebellische Volk endlich geschlagen geben müssen. Und dann hätte der Krieg ein Ende und man käme endlich wieder nach Hause. Nach Hause ... Ein seltsames Wort, voller Sehnsucht, aber auch voller Unbestimmtheit. Für den General verband sich nicht viel mit diesem Begriff: der Dienst bei Hof, eine austauschbare Dirne, eine unwirkliche Ruhepause vor dem nächsten Feldzug. Für den alten Offizier aber war es eine echte Heimat, das Versprechen einer Zukunft, die eine schöne Frau, sechs gutgeratene

Kinder und einen ertragreichen Gemüsegarten umfaßte. Es würde sein letzter Feldzug sein und dann hätte er sich seinen Ruhestand redlich verdient, hätte Zeit, die müden, schmerzenden Glieder auszustrecken und die Schrecken vergangener Kriege unter der liebevollen Sorge seiner Frau langsam zu vergessen. Doch bis es soweit war, würde er unerbittlich seinen Dienst verrichten und seine Verantwortung wahrnehmen. Und deshalb stand er nun regungslos Stunde um Stunde auf dem Wall und spähte in die Dunkelheit, zum Feind hinüber. Unmerklich war die Nacht in die früheste Morgenstunde übergegangen, das erste Zirpen eines einsamen Vogels erklang, die Konturen der Landschaft schälten sich langsam aus der Dunkelheit heraus. Der General seufzte. Sein Freund wußte, was er gerade dachte. Es war keine Frage, daß sie aus der kommenden Schlacht als Sieger hervorgingen, es war nur die Frage, wie hoch der Blutzoll sein würde. Und das hatte der General von seinem Mentor gelernt, daß ein guter Feldherr immer auch ein guter Haushälter sein muß, der seine Männer nicht nur antreiben und in den Kampf führen kann, sondern auch weiß, wann eine List, eine einfallsreiche Taktik, zu demselben Ergebnis führen konnte, das Leben guter Männer verschonte und die Kampfstärke der Truppe erhielt. Und immer waren es die unzivilisierten, barbarischen Völker, denen ein merkwürdiger Ehrbegriff zum Verhängnis wurde. Dreimal schon hatten sie einen Sieg errungen, weil der Feind der Herausforderung eines Zweikampfes nicht hatte widerstehen können. Dreimal schon hatte der alte Offizier die fähigsten Krieger des Feindes diszipliniert und ruhig niedergekämpft und so eine totale moralische Überlegenheit behauptet, die den Feind verwirrt, seinen Kampfeswillen gelähmt und es der Truppe erlaubt hatte, das Land zu besetzen und alle Widerstandsnester auszuräuchern. Nun standen sie am Ende eines langen, siegreichen Weges. Auch der letzte Feind würde sich der Übermacht beugen müssen. Er würde es zähneknirschend und unwillig tun, aber auch dieses Volk würde letztlich doch von der überlegenen Kultur der Eroberer profitieren und zu einer neuen Blüte finden. Und am einfachsten würde es gehen, wenn bald schon, in wenigen Stunden, die unwiderstehliche Herausforderung zum Zweikampf erschallen würde.

Der General sah seinen Freund an. „Es ist Zeit, an die Arbeit zu gehen.“ Der alte Offizier nickte. Er hatte bereits gestern seinen Helm, seine Beinschienen und seinen Schuppenpanzer polieren lassen, bis die Bronze gleißte und wie Gold funkelte. Sein Sichelschwert war rasiermesserscharf und sein Speer trotz seiner Größe genau ausbalanciert.

Der alte Offizier streckte dem General seine riesige, schwielige Hand entgegen und packte nach Art der Soldaten seinen Unterarm. „Macht Euch keine Sorgen, mein Herr. Ich werde alles tun, was nötig ist." Der General spürte plötzlich ein tiefes, warmes Gefühl der Dankbarkeit für seinen treuen, verläßlichen Freund. „Ich weiß, Goliath", sagte er, „ich weiß."

Bügeleisen

Gerold stand vor dem Auto ohne einzusteigen. Klein sah er aus und müde, als er mit hängenden Schultern auf den Asphalt starrte. Sie waren zu spät, natürlich waren sie zu spät. Sie waren immer zu spät, es war eine Art Naturgesetz. Hinter ihm räusperte sich Hanna. „Schatz, ich weiß nicht so recht ... habe ich das Bügeleisen wirklich ausgeschaltet?" Gerold gab keine Antwort. Er wußte, daß es sinnlos war. In sieben qualvollen Ehejahren hatte er seine Lektion gelernt. Am Anfang war es nicht wirklich schlimm gewesen, ein kleiner Tick, eine liebenswürdige Eigenart, die eben zu seiner Hanna gehörte wie die kleine Lücke zwischen ihren Schneidezähnen und das Muttermal auf ihrem Oberarm, das wie eine Blume geformt war. Hanna konnte das Haus nicht verlassen, ohne einen prüfenden Blick durch alle Zimmer zu werfen. War das Bügeleisen ausgeschaltet? Waren die Herdplatten kalt? War die Waschmaschine stumm und die Wasserzufuhr unterbrochen? Ja. Sicher. Doch wenn sie die Wohnungstür zweimal abgeschlossen hatte und die Haustür ins Schloß gefallen war, regten sich die ersten Zweifel. Stand das Flurfenster nicht auf Kippe? War die Kaffeemaschine wirklich abgestellt? An seltenen guten Tagen konnte sie ihre Zweifel niederkämpfen, mit einem verbissenen, tapferen Lächeln ins Auto steigen und sich nach und nach beruhigen. Sie wußte ja eigentlich ganz genau, daß es keinen Anlaß zur Sorge gab und ihre Zweifel unbegründet waren. Normalerweise aber hielt sie vor dem Haus auf dem Weg zur Garage inne, nestelte mit zitternden Händen an ihrem großen Schlüsselbund, huschte zurück in das Haus, hetzte die alte Eichentreppe vier Stockwerke hinauf, entriegelte die beiden Sicherheitsschlösser der Wohnungstür und überzeugte sich noch einmal, daß wirklich alles in Ordnung war.

An manchen schlechteren Tagen ging sie sogar zweimal zurück, und einmal, als sie Tante Renate besuchen wollten, war Gerold bereits 150 Kilometer auf der Autobahn gefahren, als er umkehren mußte, weil Hanna ihre Zweifel so plagten, daß es nicht auszuhalten war. An seltenen bösen Tagen war ihre Besessenheit so stark, daß sie das Haus nicht verlassen konnte und sich stundenlang wie ein gequältes Tier auf dem Fernsehsessel zusammenkauerte.

Gerold hatte gehofft, daß diese bösen Tage nun endlich der Vergangenheit angehörten. Seitdem Hanna den

Psychotherapeuten aufsuchte, konnte sie ihren Kontrollzwang deutlich besser beherrschen. Dr. Mühlenbrock hatte es ihm genau erklärt. Es sei zwar ein langer und mühsamer Prozeß, viele Gespräche und Reflexionen seien notwendig, aber je liebevoller und geduldiger er diesen Weg begleiten würde, umso bessere Fortschritte seien zu erwarten. Und Gerold war, bei Gott, liebevoll und geduldig gewesen, so liebevoll und geduldig wie kein Ehemann vor ihm und nach ihm. Diskutieren, das wußte er, hatte gar keinen Zweck. „Ihre Frau", hatte Dr. Mühlenbrock erklärt und ihn dabei ernst aus seinen großen braunen Augen angeschaut, „Ihre Frau muß ganz neu lernen zu vertrauen. Vertrauen ist das Wichtigste! Und Sie müssen ihr dabei helfen."

Gerold nahm den Autoschlüssel, zwang ein Lächeln in sein Gesicht und drehte sich um. „Schau ruhig nach, mein Schatz. Mir macht es wirklich nichts aus, das weißt du. Ich werde einfach hier im Wagen warten, bis du dir ganz sicher bist. Auf Roberts Grillpartys ist vor zehn sowieso nichts los." Hanna lächelte unsicher. Gerold war lieb, so lieb. Sie wußte ganz genau, daß es ihm im Laufe der Jahre immer schwerer gefallen war, ihren furchtbaren Tick zu ertragen, und sie wußte sehr wohl zu schätzen, wie sehr er sich für ihre Therapie einsetzte, wie er sich bemühte, geduldig und liebevoll zu sein. Was für andere Männer längst ein Scheidungsgrund gewesen wäre, spornte ihren Mann nur noch zu mehr Hingabe und Selbstlosigkeit an. Hanna wußte, wie sehr sich ihr Mann auf Roberts Party gefreut hatte, und sie wußte auch, daß er es eigentlich haßte, zu spät zu einer Feier zu erscheinen. Da war er ganz schön altmodisch. Eigentlich wußte sie ja auch, daß das Bügeleisen nicht mehr eingeschaltet war. Sie drehte den Knopf immer ganz aus, zog den Stecker aus der Steckdose und kontrollierte alles noch einmal, bevor sie das Bügelzimmer verließ. Hanna verzog ärgerlich ihr hübsches Gesicht. Dr. Mühlenbrock würde jetzt eine seiner „Vertrauensfragen“ stellen und nach unbewußten Ängsten forschen, dabei wußte sie ganz genau, daß ihr eigentliches Problem nur darin lag, daß sie sich jetzt und hier nicht daran erinnern konnte, das Bügeleisen ausgeschaltet zu haben. Sicher, natürlich, sie hatte es noch nie vergessen, das wußte sie selbst. Rein rational war es Unsinn, noch einmal nach oben zu laufen, um das Bügeleisen zu betrachten, das ganz unschuldig und kalt auf dem Bügelbrett thronte, das Kabel ordentlich zusammengerollt daneben. Doch andererseits – gab es nicht immer ein erstes Mal? Konnten ihre Unsicherheit, ihre Zweifel nicht eben auch in der Tatsache begründet sein, daß sie tatsächlich einmal etwas Wichtiges vergessen würde? Bei dem Gedanken an ein glühendes Bügeleisen, das sich langsam mit einem häßlichen Zischen durch Stoff und Schaumgummi brennt, zog sich ihr Magen krampfhaft zusammen.

Gerold hatte seine Frau und ihren inneren Kampf aufmerksam betrachtet. Er kannte jedes einzelne Symptom und wußte, wann der irrationale Zwang über die Vernunft siegte. Mit einer kaum merklichen Resignation in der Stimme sagte er: „Geh schon, mein Schatz“ und stieg ins Auto. Hanna fuhr zusammen, plötzlich aus ihren Gedanken gerissen. Das schreckliche Gedankenbild löste sich in Luft auf, als sie von einer Woge zärtlicher Gefühle überwältigt wurde. Wie liebte sie diesen Mann! Sie wollte ihn nicht mehr enttäuschen, sie wollte diese Resignation, die sie ganz dicht neben beginnender Verachtung spürte, aus seinem Gesicht wischen. Sie gab sich einen Ruck. „Ach was“, sagte sie bestimmt und ging um den Wagen herum zur Beifahrerseite. „Laß uns fahren, sonst kommen wir wirklich noch zu spät.“

Roberts Grillparty war wie immer ein voller Erfolg. Noch auf dem Heimweg mußte Hanna, schon etwas beschwipst, immer wieder kichern bei dem Gedanken an die komischen Geschichten, die Onkel Heribert erzählt hatte. Und das Rezept für Margas wunderbare Erdbeerbowle durfte sie nicht vergessen, da mußte sie Marga gleich morgen anrufen. Seufzend lehnte sie sich zurück und schloß die Augen. Sie war sehr müde und sehr zufrieden, als Gerold den Wagen in die Straße lenkte, in der sie wohnten.

Daran mußte sie später, an den langen, einsamen Tagen in der psychiatrischen Klinik, immer wieder denken: Wie merkwürdig, was man so im Gedächtnis behält, welche Bilder und Erinnerungen sich unlösbar miteinander verknüpfen. Onkel Heriberts Geschichten, Margas Erdbeerbowle, ihre zufriedene Müdigkeit und der vertraute Geruch der Autositze würden für sie immer verbunden sein mit dem in der Dunkelheit zuckenden Blaulicht, den Feuerwehrleuten, die ihre Schläuche zusammenrollten, Gerolds entsetztem Gebrüll, dem rauchenden Trümmerhaufen dort, wo einmal ihr Haus gestanden hatte, und dem großen, uniformierten Polizisten, der zu ihr sagte: „Es tut mir leid, das Haus ist völlig ausgebrannt. Unsere

Experten sind bereits auf der Suche nach der Ursache. Es wurde kein Brandbeschleuniger gefunden. Wahrscheinlich hat bloß jemand vergessen, das Bügeleisen auszuschalten.“

Das Mädchen von nebenan

Ganz still liegt sie neben mir und ich streiche sanft über ihr seidiges Haar. Ein Sonnenstrahl sticht wie ein Speer quer durch den Raum, Staubpartikel tanzen einen endlosen Reigen, und wo das Licht ihr Haar berührt, scheint es in Flammen zu stehen. Das war das erste, was mir an ihr aufgefallen ist: das seidige Haar, das im Sonnenlicht glänzt und funkelt. Diamantenhaar. Diamantenfrau. Alles an ihr ist kostbar, köstlich, erlesen und … zart. Ein wunderbares, zartes Wesen, elfengleich. Ihre ausdrucksvollen grünen Augen gleichen tiefen Seen, die in alten Wäldern verborgen sind und die man nur entdeckt, wenn man den Pfad verloren hat und sich durchs Unterholz kämpfen muß, verschwitzt und panisch, und plötzlich bricht man durch die grüne Wand und steht im Gleißen, auf einer Lichtung, und einladend breitet sich ein verschwiegener, kühler See aus. Seenaugen. Feenaugen.

Mein Augenstern! Unsere Geschichte ist vor allem eine Geschichte des Sehens. Des Ansehens und Anschauens, des Angesehenwerdens und Angeschautwerdens. Eine Geschichte der Blicke, der Augenblicke. Viele Monate sind verstrichen, seitdem ich sie zum ersten Mal erblickte. In dieser Zeit ist ganz langsam, behutsam etwas gewachsen und gereift. Fast ohne Worte, mal ein beiläufiger Gruß, nicht mehr. Worte verstören, werden schnell zu Phrasen, zu Lügen. Menschen sagen das eine, meinen das Gegenteil. Blicke lügen nicht. Ihre Blicke sind voller Wahrheit. Ihre Blicke, die sie mir schenkte, ganz beiläufig und doch verheißungsvoll. Ich spürte von Anfang an, daß diese wunderbare Frau zart, aber nicht allzu zerbrechlich ist. Ich spürte eine innere Stärke, eine Festigkeit, die Widerstände überwindet, eine Zähigkeit, die niemals aufgibt. Ich spürte einen unbändigen Lebenswillen, ja eine Lebenslust, eine Lebensgier, die ein oberflächlicher Betrachter niemals in einem so zarten Wesen vermutet hätte. Eine junge Frau am Beginn ihres Weges – das ist immer einer der erregendsten Momente, wenn das ganze Leben noch einmal neu wird, wenn die Möglichkeiten in ihrer Vielfalt wie ein breiter, bunter Fächer vor ihr liegen und ihre Wahl erwarten, wenn sich neue Wege in weite Fernen erstrecken, fremde Städte, neue Freunde darauf warten, entdeckt zu werden und Erfüllung, Liebe und Schmerz, Begeisterung und Enttäuschung und helle Freude versprechen. Was für ein wunderbarer Anblick: mein Liebling, mein Augenstern, mein zartes, starkes

Mädchen, das weit die Arme ausbreitet, um das Leben zu begrüßen, um es mit jeder Faser zu bejahen, um es zu umarmen und auszukosten.

Und dann entdeckte ich in ihrem Blick, in ihrem Schauen, die Einladung. Urplötzlich verstand und begriff ich, daß diese Einladung mir galt, daß ich selbst, ganz persönlich gemeint und eingeladen war, Teil dieser großen Verheißung zu sein. Das war für mich ein wirklicher Wendepunkt und ich mußte es sorgsam und lange bedenken. Für gewöhnlich bin ich sehr zurückhaltend, lebe alleine, aber keineswegs einsam. Was würde sich verändern, wenn diese wunderbare Frau in mein Leben träte? Wenn sie mich aufforderte, sie zu begleiten auf einem Teil ihrer Lebensreise? O mein Schatz, meine Geliebte, mein Augenstern. Seenaugen. Diamantenfrau. Du bist nicht kompliziert, sondern geradeheraus. Du diskutierst nicht, sondern handelst. Du schiebst meine ältlichen Bedenken und künstlichen Argumente einfach beiseite. Wenn du mich ansiehst, weiß ich, was Leben bedeutet. Wenn du mich anblickst, erschauere ich vor der Glut, die ich in dir weiß. Bei dir wird alles einfach, alles verständlich, alles klar. Du lebst und handelst mit jener natürlichen Selbstverständlichkeit, die oft gesucht, aber selten nur erreicht wird. An dir ist nichts Künstliches, nichts Angelerntes, nichts Aufgesetztes. Du nimmst dir, was du willst. Und in den vielen Monaten, seit wir uns zum ersten Mal begegnet sind, in dieser Zeit des Schauens und der Blicke, habe auch ich gelernt, was du willst. Und heute hat mir deine lustvolle Leidenschaft endlich gezeigt, daß ich Recht habe. Atemberaubende Vereinigung. Höchste Ekstase und brennender Schmerz. Einmalig. Unwiederholbar.

Ganz still liegt sie neben mir. Der Sonnenbalken ist langsam weitergewandert und ihr seidiges Haar wirkt matt und stumpf im Dämmerlicht. Ich streiche sanft über ihr Gesicht und die klaffende Wunde. Blut klebt an meinen Fingern. Es wird langsam Zeit. Ich muß gehen.

Die Schlacht bei Midway

„Der Zweite Weltkrieg wurde daher von den Staaten gewonnen, die die Seeverbindung beherrschten. Diese werden auch in Zukunft eine entscheidende Rolle spielen. Jedes große Land und jede Kräftegruppe wird darauf bedacht sein müssen, die Seewege benutzen zu können und sie dem Gegner zu sperren."

Vizeadmiral Friedrich Ruge, Der Seekrieg 1939 bis 1945 (Stuttgart 1954)

4. Juni 1942, null-siebenhundert, Windstärke 3, SSO
Südlicher Pazifik, 600 Meilen nordwestlich des Midway-Atolls
Japanische Trägerkampfgruppe unter Admiral Nagumo

Mit zusammengekniffenen Augen starrte Admiral Nagumo auf die dunklen Kumuluswolken, die drohend über den Flugzeugträgern *Akagi*, *Kaga*, *Hiryu* und *Soryu* hingen. Die Trägerkampfgruppe, Stolz der japanischen Kriegsmarine, fuhr in Gefechtsformation, begleitet von zwei schnellen Schlachtschiffen, zwei schweren Kreuzern und nicht weniger als zwölf Zerstörern. Über 270 Flugzeuge – Bomber, Torpedoträger und Jäger – warteten auf ihren Einsatz. Ziel der Kampfgruppe war das Midway-Atoll, ein einsames Korallenriff von ungefähr fünf Seemeilen Durchmesser mitten im Pazifik. Zahlreiche Riffe und Untiefen umgaben eine einsame Lagune und zwei wenige Kilometer lange Inseln. Auf einer dieser Inseln befand sich eine amerikanische Basis mit einem Flughafen, auf dem auch schwere Bomber landen, neu vermunitioniert und wieder starten konnten – nur 1100 Seemeilen von Wake, 2200 von Tokio entfernt. Aus japanischer Sicht viel zu nahe. Das war auch den amerikanischen Kräften bewußt, die das Midway-Atoll relativ stark befestigt hatten; unter anderem reckten alte, aber immer noch furchteinflößende 17-cm-Schiffsgeschütze ihre drohenden Mäuler gen Himmel.

Der japanische Flottenchef Admiral Yamamoto war ein hervorragender Taktiker und wußte genau um die Gegebenheiten. Ein massierter Angriff mit schwerem, anhaltendem Bombardement war unabdingbare Voraussetzung für einen Landungsversuch. Gleichzeitig sollte die momentane deutliche Überlegenheit der japanischen Seestreitkräfte dazu genutzt werden, die demoralisierte amerikanische Marine endgültig zu besiegen und aus dem Pazifik zu vertreiben. Diese Aufgabe hatte der Flottenchef selbst übernommen, er führte die japanischen Streitkräfte von seinem Schlachtschiff *Yamato* aus. Seine Hauptflotte, mit der er die Amerikaner vernichtend schlagen wollte, marschierte südlicher als Nagumos Trägerkampfgruppe, die Midway von Nordwesten ansteuerte.

Admiral Nagumo winkte einem Leutnant. „Was Neues vom Wetterbericht?" – „Herr Admiral, die Vorhersage ist hervorragend. Die dichten Wolken schützen uns vor der Entdeckung durch den Feind. Der Seegang ist akzeptabel. Wir liegen genau im Zeitplan. Der Angriff kann wie geplant beginnen." Admiral Nagumo nickte kurz. Dann gab er den Befehl, die Geschwindigkeit der Schiffe zu erhöhen. Japanische Träger mußten mindestens 21 Knoten laufen, damit die Flugzeuge starten konnten. Diszipliniert erhöhte die gesamte Formation das Tempo, Gischt sprühte auf, die Kriegsflaggen mit der aufgehenden Sonne knatterten im Wind.

4. Juni 1942, null-siebenhundertdreißig, Windstärke 2, SO
Südlicher Pazifik, 300 Meilen südlich des Midway-Atolls
Amerikanische Task Force 16 unter Admiral Spruance

„Fletcher ist ein Idiot, Halsey ist krank ... Ich hoffe nur, Nimitz weiß, was er tut." Admiral Spruance fühlte sich müde und ausgelaugt. Er umklammerte einen Becher mit mittlerweile kaltem Kaffee und starrte auf die Karten, die die Ordonnanz auf dem großen Kartentisch in der geräumigen Kajüte ausgebreitet hatte. Spruance konnte die Ideen seines Oberbefehlshabers durchaus nachvollziehen. Ausnahmsweise hatte der Geheimdienst einmal gut gearbeitet. Fakt war, daß die Japaner es diesmal auf Midway abgesehen hatten. Fakt war, daß ihr aufwendiges Täuschungsmanöver bei den nördlichen Alëuten durchschaut worden war. Eine gute Gelegenheit, um die massive Stoßrichtung des japanischen Überfalls, dessen Überraschungsmoment verloren war, in einem großen Schwung gegen die Japaner zu wenden und sie zurückzuwerfen. Fakt war aber auch, daß die japanischen Flottenkräfte im Verhältnis zwei zu eins, bei den schweren Kreuzern sogar im Verhältnis drei zu eins, überlegen waren. Nur die Unterwasserflotten waren fast gleich stark: 19

amerikanischen standen 21 japanische U-Boote gegenüber. Spruance nahm einen Schluck von dem kalten Kaffee und verzog das Gesicht. Die Befestigung Midways war in den letzten Tagen vorangetrieben worden, Halsey hatte so viel Material wie möglich geschickt. Viel zu wenig, wie Spruance glaubte. Hinzu kam noch, daß die Betankungsanlage für die Flugzeuge ausgefallen war. Ein übermüdeter Obermaat hatte bei einer Zerstörungsübung den falschen Hebel gezogen und die Anlage mit 1600 Kubikmetern Flugzeugbenzin in die Luft gejagt. Jetzt, da es darauf ankam, die Abfangjäger möglichst schnell in die Luft zu bekommen, mußten sie von Hand aus 220-Liter-Behältern betankt werden!

„Sorgen, Chef?“ Captain Mustrum, der Verbindungsoffizier zum Geheimdienst, war in die Kabine getreten und streckte sich. „Oh, einen Kaffee könnte ich auch gebrauchen. Schön stark, wie ihn die Navy liebt, mit einer Prise Salz.“ Spruance klingelte nach der Ordonnanz. Mustrum sah auf die Seekarte. „Noch nichts Neues vom Aufklärungsgeschwader?“ Die Marine hatte 37 große Flugboote und sechs Torpedoflugzeuge auf Midway stationiert, die die Jäger des Marinekorps und des Heeres bei der Suche nach den angreifenden Japanern unterstützen sollten. Seit Ende Mai klärten sie täglich den gesamten Seeraum nach Westen auf, mit einem Radius von bis zu siebenhundert Meilen. Ziel war es, den japanischen Angriffsverband möglichst früh zu entdecken.

Spruance schüttelte den Kopf. „Noch nichts." – „Keine Sorge, Chef. Die werden schon kommen. Überlegen Sie mal. Wir wissen, daß ihre Trägergruppe und die Hauptflotte am 26. Mai Yokosuka verlassen haben." Mustrum deutete auf die Karte und schätzte die Entfernung zum japanischen Kriegshafen. „Ich denke, sie sind jetzt hier irgendwo. Spätestens morgen wissen wir Bescheid."

4. Juni 1942, null-neunhundert, Windstärke 3, SSO
Südlicher Pazifik, 650 Meilen nordwestlich des Midway-Atolls
US-Navy-Flugboot-Staffel 24 unter Commander Lewis

„Diese verdammten Wolken!" Second Leutnant Walter Rambleigh setzte das Fernglas ab und rieb seine schmerzenden Augen. „Man kann in diesem Nebel überhaupt nichts erkennen." Der Flugzeugführer, Commander James Lewis, schüttelte den Kopf. „Bei diesem Wetter macht der Einsatz ohne Radar keinen Sinn." Beide wußten, daß die Marine ihre Flugzeuge noch nicht mit den neuen Radargeräten ausgerüstet hatte. Der Schwerpunkt der amerikanischen Kriegsführung lag immer noch im Atlantik, und die Modernisierung der Pazifikflotte ließ auf sich warten. So war man auf ausgedehnte Aufklärungsflüge und vor allem auf gute Augen angewiesen. Lewis nahm sich das Mikrophon, während er das Flugzeug sicher auf dem vorgesehenen Kurs steuerte. „Leader an Gruppe, Leader an Gruppe, Situationsbericht!" – „Vogel zwo, negativ", krächzte es aus dem Lautsprecher. „Vogel drei, negativ." Atmosphärisches Rauschen. „Leader an Vogel vier, bitte kommen!" – „Hier Vogel vier, mein Beobachter meldet *vielleicht* Schiffsbewegung in Planquadrat 14/8". Lewis sah seinen Second Leutnant vielsagend an. „*Vielleicht* eine Schiffsbewegung? Bestätigen Sie das gefälligst!" Rambleigh suchte auf der Karte. „Quadrat 14/8? Das ist fast einhundert Meilen südlich von unserer Position! Das kann nicht sein!" Lewis wurde bleich. Wenn diese Meldung stimmte, dann hatte sich der gesamte japanische Trägerverband, gedeckt von der tiefen Wolkenschicht und den Nebelfeldern, unter ihnen vorbeigeschlichen und kam jeden Moment in Angriffsposition.

Midway mußte jetzt die Jäger aufsteigen lassen! „Leader an Vogel 4, ist das affirmativ?“ – „Hier Vogel 4, unbestätigt, wiederhole unbestätigt!“ Lewis überlegte fieberhaft. Wenn es sich um eine Falschmeldung handelte und er die Flugroute der Staffel änderte, wurde die kleine Chance, die Japaner zu entdecken, verschwindend gering. Wenn sie aber den Aufklärungsschirm bereits passiert hatten, kam es auf jede Minute an. Lewis dachte an die mehr als 80 schweren Bomber, die jetzt gerade vollgetankt auf den japanischen Trägern lauerten, um ihre todbringende Fracht über Midway abzuwerfen. Er hatte gute Kameraden, Freunde auf dem Atoll. Das gab den Ausschlag. Er mußte Alarm schlagen! Entschlossen griff er zum Mikrophon: „Sierra-Mike 24 an HQ 2, Sierra-Mike 24 an HQ 2, feindliche Schiffsbewegung in Quadrat 14/8. Wiederhole: Feindliche Schiffsbewegung in Quadrat 14/8.“ – „HQ 2 an Sierra-Mike 24“ – die Stimme des Funktechnikers aus dem Hauptquartier klang seltsam verzerrt – „Ist das bestätigt?“ – „Affirmativ, affirmativ!“ Der Funker auf Midway sah seinen Vorgesetzten an. „Lewis hat sie entdeckt.“ Der Offizier studierte die Karte. „Und sie sind bereits in Angriffsposition.“ Er griff zum Telefon. „Code Red, Code Red. Sie kommen!“

4. Juni 1942, null-neunhundertdreißig, Windstärke 3, SSO
Südlicher Pazifik, 500 Meilen nordwestlich des Midway-Atolls
Japanische Trägerkampfgruppe unter Admiral Nagumo

Der Träger erbebte, als die schweren Bomber nacheinander dröhnend in den Himmel stiegen. Admiral Nagumo fand es immer wieder faszinierend, welche Kräfte nötig waren, ein 70.000-Tonnen-Schiff zum Beben zu bringen. Seine ausdruckslose Miene verriet nichts von der geheimen Freude, die er empfand, als er die Elite der japanischen Marineflieger mit ihren Bombern und begleitenden Jägern aufsteigen sah, einem weiteren glorreichen Sieg entgegen. Wer konnte sich diesen gut ausgebildeten Soldaten mit ihrer unbändigen Begeisterung, ihrem fanatischen Siegeswillen entgegenstellen? Das japanische Zeitalter hatte begonnen!

4. Juni 1942, null-neunhundertfünfundvierzig, Windstärke 2, SO
Südlicher Pazifik, 300 Meilen südlich des Midway-Atolls
Amerikanische Task Force 16 unter Admiral Spruance

Admiral Spruance war auf die Kommandobrücke getreten und beobachtete das hektische Treiben auf dem Vorschiff. Gerade hatte er von Konteradmiral Fletcher, der offiziell den erkrankten Halsey vertrat, die Order zum Angriff auf die japanische Trägergruppe erhalten, die die Aufklärungsstaffel endlich doch entdeckt hatte. Wütend hieb er mit der Hand auf die Reling. Verdammt! Sie war viel zu nahe gekommen. Jetzt mußten sie sich beeilen. Die gesamte Task Force 16, die Träger *Enterprise* und *Hornet*, fünf schwere Kreuzer, ein leichter Flakkreuzer und neun Zerstörer liefen mit voller Kraft dem Feind entgegen.

4. Juni 1942, zehnhundert, Windstärke 2, SSO
Südlicher Pazifik, Midway-Atoll
Amerikanische Basis unter Generalleutnant Harper

„Sir, alle Maschinen sind in der Luft!“ Der meldende Oberleutnant nahm Haltung an. „Der Alarm kam gerade noch rechtzeitig. Es werden erste Luftkämpfe gemeldet. Aber einige werden durchkommen.“ – „Einige kommen immer durch“, knurrte Harper. In diesem Moment setzte heftiges Sperrfeuer ein. Die Flak-Geschütze hatten ihre

Ziele gefunden. Gleichzeitig fielen die ersten japanischen Bomben auf Midway. In der Bunkeranlage klang der Explosionsdonner gedämpft. Plötzlich ging die Badezimmertür auf. „Was ist denn das für ein Lärm? Du bist jetzt schon über eine Stunde in der Wanne!“ Admiral Nagumo, Admiral Spruance, Commander Lewis und Generalleutnant Harper sahen überrascht auf. Mutter trat ein. „Jetzt aber Schluß mit der Spielerei. Was denkst du dir nur? Schleppst erst dein Spielzeug hier rein und setzt dann das ganze Bad unter Wasser. Und wer darf anschließend aufwischen? Ich bin doch nicht dein Dienstmädchen.“ Resolut fischte sie die japanische Trägerkampfgruppe und die Task Force 16 aus dem Wasser. „Mach jetzt hin, mein Sohn. In fünf Minuten bist du abgetrocknet und sitzt am Tisch. Das Essen ist fertig!“

Die Vitalstrom-GmbH

Marco Buchinski hatte sich verändert. Aus dem schwabbeligen Loser war ein sportlicher Geschäftsmann im Hugo-Boss-Anzug geworden. Die wirren Haare gegelt, der über einer formlosen Trainingshose lappende Schmerbauch einem offensichtlich strammen Fitnessprogramm gewichen, die abgekauten Fingernägel sauber geschnitten und, wenn ich recht sah, manikürt. Nur die Augen, sehr feucht und sehr hervorquellend, waren dieselben geblieben. Und diese Augen hielten nun meinen Blick gefangen, als Marco eindringlich auf mich einredete, während er mit einem Crossini in der Luft herumfuchtelte. Ich hatte ihn vor vielleicht zehn, zwölf Jahren zum letzten Mal gesehen. Damals hatte er eine Zeitlang bei mir gewohnt, weil Irmgard, seine bessere Hälfte, nun endgültig die Nase voll gehabt hatte von seiner renitenten Unlust, einer geregelten Arbeit nachzugehen und von seinen halbgaren, meist wirren Plänen, in denen es immer darum ging, bald die erste Millionen auf dem Konto zu haben. Ich kenne Marco nun schon fast mein ganzes Leben lang, von Kindergartenzeiten an, und was ich als Kind lustig und als Teenager abwechselnd echt krass und voll peinlich fand, weckte als Erwachsener nur Mitleid. Marco war einer von den Menschen, die immer einen „todsicheren" Plan im Kopf, ein „ganz heißes Ding am Laufen" haben, und immer dreht es sich um Geld, und zwar um schnell- und leichtverdientes. Die Tatsache, daß keiner dieser Pläne, daß keine einzige Idee jemals auch nur ansatzweise zu irgendeinem Ergebnis, zu irgendeinem Erfolg führt, beeindruckt diese Menschen überhaupt nicht, sondern beflügelt noch ihre Begeisterung, anstatt sie zu dämpfen.

So waren auch Marcos letzte Projekte, von denen ich wußte, von Anfang an zum Scheitern verurteilt. Seine Idee, als Lebendköderlieferant für ambitionierte Angler zu reüssieren, starb in der Sekunde, als seine Frau entdeckte, daß die auf den Versand wartenden Riesentauwürmer und Fleischmaden im heimischen Kühlschrank zwischengelagert wurden. Nachdem Marco seine Investitionen aus dem Haus entfernt und den Kühlschrank sehr gründlich mit hochkonzentrierter Essigessenz desinfiziert hatte, verlegte er sich auf eine andere, gewinnträchtige Sparte des Versandhandels. Ich weiß noch genau, wie er mir von der „Schwäbischen Auster" vorschwärmte, für die auf deutschen und französischen Feinschmeckermärkten Höchstpreise erzielt würden. Aber Marco bewies auch hier weder Talent noch Glück, und obwohl er in einem großen Kellerraum mit einigem Aufwand die nötigen klimatischen Bedingungen mit der richtigen Temperatur und der optimalen Luftfeuchtigkeit geschaffen hatte, war es wiederum seine Frau, die sich nicht mit dem Gedanken anfreunden konnte, mit zweihundert Weinbergschnecken unter einem Dach zu leben und die Ausreißer gelegentlich einzufangen.

Vergeblich versuchte Marco, seiner Frau die ungeheuren Vorzüge der Schwäbischen Auster schmackhaft zu machen: Nach einer kurzen Fütterungsperiode von wenigen Monaten, wenn die Tiere fett und ausgewachsen sind, stellt man einfach die Futterzugabe ein. Und nach einigen Fastentagen entleeren die Schnecken hilfsbereit ihren Darm. „Sie entlüften sich, mein Schatz, sie entlüften sich", erklärte Marco. „Und dann ziehen sie sich in ihr Häuschen zurück und versiegeln den Eingang mit einem rasch aushärtenden körpereigenen Sekret. Sie verpacken sich praktisch selbst und sind dann fertig zum Export, das mußt du dir mal vorstellen!", schwärmte er. Doch Irmgard schüttelte nur stumm den Kopf.

Die „Schwäbische Auster" war denn auch der berühmte Tropfen, der das Faß seiner Ehe endgültig zum Überlaufen brachte. Nachdem Irmgard die Scheidung eingereicht und Marco vor die Tür gesetzt hatte, stand er eines Tages in meiner Kanzlei und bat mich um eine Bleibe. So wohnte er dann für einige Wochen mit Sack, Pack und einigen Weinbergschnecken bei mir, bevor er eines Morgens spurlos verschwand. Das war, wie gesagt, vor zehn oder zwölf Jahren.

Ich hatte in all der Zeit nichts von Marco gehört, kein Anruf, keine Postkarte, keine E-Mail. Aber das hatte mich nicht weiter beunruhigt. Marco ist einer von diesen Menschen, die sich jahrelang nie melden, mit denen man aber, trifft man sie zufällig in einem Café, stundenlang quatschen und anregende Gespräche führen kann, als hätte es überhaupt keine Unterbrechung gegeben. Und so war es typisch Marco, daß er mich vorgestern einfach anrief und mich zu einem abendlichen Essen bei einem schicken, teuren Italiener einlud. Ich hatte Zeit, mehr als mir lieb war, denn die Geschäfte meiner Anwaltspraxis liefen eher schleppend. Also sagte ich zu. Überrascht war ich allerdings nicht nur von der Wahl des Restaurants – früher war ein Döner von der Ecke eher Marcos Kategorie –, erstaunt war ich vor allem von dem runderneuerten Marco Buchinski, der jetzt in gemeinsamen Erinnerungen wühlte und Gebäckstangen zerbröselte. Ich nahm einen Schluck Wein und unterbrach ihn. „Und, Marco, das Schneckenbusiness scheint nicht schlecht zu laufen“, sagte ich und deutete auf seinen Anzug. „Schnecken, Mann, das ist doch längst passé“, lachte er, „das war doch gar nicht richtig durchdacht. Aber jetzt …“ – er setzte ein selbstgefälliges Lächeln auf – „jetzt, könnte man sagen, läuft es rund. Sehr rund sogar!“ Ich spießte einige Speckstücke auf die Gabel. „Und, was ist dein neues Projekt, das so rund läuft?“, fragte ich. Sein Grinsen wurde breiter. „Ich bin jetzt in der Energiebranche, Mann. Das ist die Sache der Zukunft. Seit dem Atomausstieg boomt der Markt nur so, und ich habe mir bereits ein dickes Stück vom Kuchen abgeschnitten.“ Ich blickte verständnislos in seine Kuhaugen. „Energie? Wie Energie? Verkaufst du Strom, oder was? Bist du in so einer Drückerkolonne gelandet, die von Tür zu Tür rennt und hilflosen alten Leute überteuerte Verträge für angeblichen Ökostrom aufnötigt?“ Marco winkte dem Kellner nach einer neuen Flasche Wein. „Strom ist schon richtig, mein Lieber, aber du denkst in eine ganz falsche Richtung. Ich werde es dir erklären und ich werde dir …“ – bei diesen Worten beugte er sich vor, senkte die Stimme und sah mich eindringlich an – „... ich werde dir ein großartiges Angebot machen." Offenbar sah er Ablehnung in meiner Miene. „Nein, sag jetzt nichts. Hör mir nur zu, ich werde dir eine fantastische Geschichte erzählen." Ich lehnte mich zurück. Marcos Projekte waren immer fantastisch – erheiternd für den unbeteiligten Zuschauer, erschreckend für den auch nur mittelbar Beteiligten.

Lautlos war der Kellner an den Tisch getreten und füllte unsere Gläser. Rubinrot funkelte der Wein, als Marco sein Glas hob, kurz schnüffelte und es dann ruckartig mit zwei großen Schlucken leerte. „Also, paß auf: Was wir heute dringend brauchen, ist Strom. Guter, billiger, klimaneutral produzierter Öko-Strom, der den Atomstrom ersetzen kann." Ich nickte. Das war ja keine neue Erkenntnis. „Da sind sich alle einig", fuhr Marco fort, „aber niemand will deshalb riesige Windräder in seiner Nachbarschaft oder neue Stromtrassen, die sich durch unsere schöne Landschaft fressen. Und deshalb liegt die Zukunft in dezentralen, kleinen, unauffälligen Kraftwerken, die einen regionalen Bereich abdecken." – „Und da willst du einsteigen?", fragte ich skeptisch. „Das habe ich bereits getan!", erklärte Marco triumphierend. „Die Zukunft liegt in ökologischen Biomasse-Mini-Kraftwerken für die regionale Stromversorgung. Günstig, klimaneutral, gut. Gut für dich, gut für mich, gut fürs Klima: Vitalstrom!" Verständnislos sah ich ihn an. „Wie bitte?" – „Das ist unser Firmenmotto", erklärte er, „gut für dich, gut für mich, gut fürs Klima: Vitalstrom." – „Du hast eine Firma?", staunte ich. Marco winkte bescheiden ab. „Sagen wir, ich bin der Geschäftsführer. Ich habe natürlich noch stille Teilhaber, Geldgeber, so etwas. Egal. Das ist unwichtig." Er verstummte und lehnte sich zurück. Nachdenklich drehte ich mein Glas und betrachtete den Wein. Sieh mal einer an, dachte ich, da ist aus Marco doch noch etwas geworden. Wer hätte das gedacht? Aber so wie ich ihn kannte, gab es da noch etwas. Die Sache mußte einen Haken haben. „Und wie funktioniert deine Firma?", fragte ich schließlich. Langsam breitete sich ein glückliches Lächeln auf seinem Gesicht aus. „Die Idee ist einfach genial", flüsterte er. „Ich lasse mir von den großen Energiekonzernen den sauberen Strom bezahlen, den ich in die regionalen Netze einspeise. Ich erhalte Förderbeiträge vom Staat. Aber das Beste ist: Ich werde auch noch gut dafür bezahlt, daß ich die Biomasse für den Betrieb meiner Kraftwerke übernehme und verheize. Alle anderen müssen viel Geld investieren, um Erdöl oder Kohle zu fördern, um Raps oder was auch immer anzubauen. Bei mir fallen nur die Kosten für das Minikraftwerk selbst an. Und die habe ich nach den ersten zwei Betriebsjahren heraus. Dann fallen nur noch geringe Unterhaltskosten an – der Rest ist Reingewinn!" Ich starrte Marco an. „Das muß wieder eine von deinen spinnerten Ideen sein. Wie soll das denn funktionieren?" Marco sah mich überlegen an. „Ich arbeite mit hydrothermalen Mini-Kraftwerken zur Stromerzeugung. Es ist im Grunde genommen ein großer Wasserkessel, der erhitzt wird. Bereits ab 100 Grad wird die Turbine in Gang gesetzt, die den Strom erzeugt. Aber wir arbeiten in der Regel mit 900 bis 1200 Grad. Da erzeugt eine Turbine so viel Strom, wie ein siebenhundert-Hektar-Feld voller Photovoltaikmodule an einem heißen, wolkenlosen Tag. Das ist eigentlich ganz simpel." – Ich witterte Unheil. „Marco", sagte ich drohend, „jetzt aber raus mit der Sprache! Was wird denn da verheizt? Und wer bezahlt dich auch noch dafür? Was ist das für eine Biomasse, aus der du deinen Vitalstrom gewinnst?" Marco hob beruhigend die Hand. „Jaja, nur die Ruhe. Ich beantworte dir gerne alle Fragen. Eine Sache noch zuvor. Ich habe gehört, mit deiner Kanzlei läuft es gerade nicht so gut?" Der Themenwechsel brachte mich aus der Fassung. „Was? Wieso? Woher ...?“ Marco sah mich eindringlich an. „Es ist nämlich so, ich möchte dir eine Stelle anbieten. Ich brauche einen guten Mann für die rechtlichen Fragen, die jetzt auf meine Firma zukommen. Und da dachte ich natürlich an dich.“ Er griff nach einem weiteren Crossini und zielte mit dem Gebäck auf mich. „Was hältst du von zehn Riesen im Monat, netto, und wenn es gut läuft, biete ich dir nach einem Jahr noch eine Umsatzbeteiligung an. Denk mal drüber nach!“ Mauloffen starrte ich ihn an. Es ist ziemlich schwierig, als selbstständiger Rechtsanwalt mit eigener Kanzlei richtig auf die Beine zu kommen. Die laufenden Kosten und die Miete für die Kanzlei sind horrend, und wenn man nicht gut vernetzt ist, ziehen immer die anderen die wirklich dicken Fische an Land. Ich schlug mich halt so durch, mehr schlecht als recht. So gesehen klang Marcos Angebot gar nicht schlecht. Natürlich mußte ich erst noch mehr wissen. Ich blickte ihn an. Der Mann, der mir da gegenübersaß und eifrig das Etikett der Weinflasche studierte, hatte so gar nichts mehr von dem alten Marco Buchinski an sich. Das war keiner, der Riesentauwürmer oder Schwäbische Austern verhökern wollte, das war ein Energie-Manager der Zukunft. Vitalstrom. Gut für dich, gut für mich, gut fürs Klima. Klang gar nicht so schlecht. Ich räusperte mich. „Also Marco, das kommt natürlich überraschend, aber es ist ein interessantes Angebot. Ich werde darüber nachdenken. Aber ich muß natürlich erst noch mehr wissen, bevor ich eine Entscheidung treffen kann. Jetzt sag schon, was steckt hinter deinem Projekt?" Marco verzog sein Gesicht. „Das muß jetzt bitte absolut vertraulich bleiben, das ist mein Geschäftsgeheimnis, das darf ich dir eigentlich gar nicht erzählen ..." Ich hob die rechte Hand. „Marco, großes Indianerehrenwort, ich werde nichts verraten!" Plötzlich grinste er und zog ein zusammengefaltetes Blatt Papier aus der Jackettasche. „Nun gut, dein Indianerwort in Ehren, aber du verstehst ..." Er reichte mir das Blatt. Ich nahm das Papier und überflog es rasch. Eine Geheimhaltungserklärung! Mein geübtes Auge glitt über die Zeilen. Durchaus professionell aufgesetzt. Meine Güte, was hatte Marco da laufen? „Bitte unterschreibe ganz unten, dann kann ich dir alles erklären." Jetzt war ich aber wirklich neugierig! Nun gut, was hatte ich zu verlieren? Ich würde es mir gut verkneifen können, sein „Geschäftsgeheimnis" zu verraten. Wahrscheinlich war sowieso alles Unsinn. Ich zückte meinen Kuli, unterschrieb auf der gestrichelten Linie und schob Marco das

Papier zu. Er nahm es an sich, faltete es umständlich und ließ es in seinem Hugo-Boss-Jackett verschwinden. Jetzt sah er plötzlich ganz geschäftsmäßig aus. „Eine erfolgreiche Firma braucht immer eine Nische, die sie besetzen kann. Ich habe eine solche Nische gefunden. Es gibt in Deutschland ungefähr 140 Orte, an denen regelmäßig an fünf Tagen in der Woche sechs bis sieben Stunden lang in Muffelöfen mit Schamotteauskleidung ein Feuerungsprozeß stattfindet, bei dem Temperaturen zwischen 900 und 1200 Grad erreicht werden. Sie sind mittlerweile völlig ausgelastet, und neue Standorte werden gesucht. Da bin ich als privater Unternehmer eingestiegen. Mittlerweile betreibe ich schon vier Standorte in Sachsen und Mecklenburg-Vorpommern, drei weitere sind geplant. Für die Übernahme der Biomasse und den Feuerungsprozeß werde ich bezahlt, für den eingespeisten Strom werde ich bezahlt, das Mini-Kraftwerk kann 25.000 Haushalte verläßlich mit Strom versorgen – nach zwei Jahren schreibe ich schwarze Zahlen. Und das ist erst der Anfang!" Während Marco redete, wurde ich immer unruhiger. Muffelöfen mit Schamotteauskleidung? Das kam mir irgendwie bekannt vor. Wo hatte ich das schon einmal gehört oder gelesen? Plötzlich traf mich die Erkenntnis wie ein Blitz. Ich starrte Marco Buchinski ungläubig an, der mir sehr selbstzufrieden gegenübersaß. Langsam wurde mir schlecht. Der Raum schien zu schwanken. „Soll das heißen ... du betreibst ...“ Mehr brachte ich nicht heraus. „Richtig, mein Lieber.“ Marco lächelte böse. „Jetzt sind es schon vier Krematorien, nächstes Jahr sind es sieben, und bald werde ich den ganzen Markt aufmischen. Die Zahl der Feuerbestattungen steigt in Deutschland jedes Jahr um ein Prozent. Gut 300.000 werden es im kommenden Jahr sein. Stell dir das mal vor! Genug Biomasse-Nachschub für saubere Energie! Gut für mich, gut für dich, gut fürs Klima: Vitalstrom!“

Mensch und Tier

Frau Bauer hatte sich den Küchenstuhl neben das Fenster gestellt, die zweimal gefaltete rote Wolldecke der Bequemlichkeit halber über die Fensterbank gebreitet, die Netzgardine beiseitegeschoben und beäugte nun aufmerksam die Straße. Ihrem allmorgendlichen Ritual folgend, das ihrer Neugierde geschuldet war, die sie freimütig als „kleine Schwäche“ und „Interesse am Mitmenschen“ bezeichnete, beobachtete sie das Geschehen vor ihrem Haus nicht nur genau, sondern kommentierte es auch laufend für ihren Mann. Herr Bauer, der seine Zeitung über den ganzen Frühstückstisch ausgebreitet hatte, ließ das unaufhörliche Gerede seiner Frau mit einer Gleichmut über sich ergehen, die teils seinem phlegmatischen Charakter, teils seiner langjährigen Übung als Ehegatte entsprang. Nur hier und da flocht er kurze Grunzlaute, mal ein bestätigendes, mal ein fragendes „Mmm“ in den plätschernden Redestrom ein und beide hatten, wenn Frau Bauer dann schließlich um halb zwölf ihren Aussichtspunkt verließ, um die Kartoffeln aufzusetzen, das befriedigende Gefühl, sich gut miteinander unterhalten zu haben. Und, so pflegte Frau Bauer zu sagen, welches

Paar kann das nach siebenunddreißig Ehejahren schon noch von sich behaupten?

„Gleich halb elf, wo wohl die alte Meyer bleibt?“ Frau Bauer sah auf die Küchenuhr. „Nach der kannst du doch sonst die Uhr stellen, pünktlich wie ein D-Zug. Ah ... ja, ich sehe sie schon. Meine Güte, die hat schon wieder ein neues Jäckchen für den Hund. Ich verstehe einfach nicht, wie man das arme Tier in so etwas zwängen kann. Der schwitzt sich doch bestimmt zu Tode. Ist überhaupt ein Wunder, daß der noch laufen kann, der Bauch schleift ja schon richtig über den Boden.“

Herr Bauer blätterte geräuschvoll eine Zeitungsseite um, ohne sich für die Probleme des nachbarlichen Dackels zu interessieren. „Also das ist ja die Höhe!“, rief Frau Bauer. „Das Hundejäckchen hat dasselbe Muster wie ihr Kleid. Geschmackloser geht es ja wohl kaum. Daß sie sich damit überhaupt auf die Straße traut. Und jetzt paß auf, das Vieh macht sein Geschäft, und ich garantiere dir, daß sie wieder keine Tüte dabei hat. Dabei habe ich ihr schon hundertmal gesagt, wenn Sie schon unbedingt in der Stadt einen Hund halten müssen, dann sind Sie auch dafür verantwortlich, den Hundedreck zu entfernen. Es ist ein Skandal!“ Herr Bauer gab ein beruhigendes Murmeln von sich. Seine Frau hatte sehr entschiedene Ansichten, was Haustiere betraf. „Ein Tier kommt mir nicht ins Haus!“, so lautete ihr Credo. Tiere machten Dreck, Arbeit, Mühen, hinterließen überall Haare, stanken scheußlich und waren überhaupt unhygienisch. Ganz gleich, ob es sich um Hunde, Papageien, Katzen, Meerschweinchen, Hamster, Kanarienvögel oder Rennmäuse handelte, alles was kreuchte und fleuchte fiel unter dieses Verdikt. Ihr kam kein Viehzeug ins Haus, basta. Sie hatte sich schon schwer genug damit getan, daß ihr Mann nach seiner Pensionierung ganz hinten im Garten einen großen Teich angelegt hatte, den er mit Begeisterung bepflanzte. Als ehemaliger Biologielehrer war er fasziniert von Wasserlinsen und Seerosen, Wollgräsern und Tausendblättern und oft verschwand er für Stunden im Gartencenter, um geeignete Kandidaten für den Tiefwasserbereich und die Flachwasserzone auszusuchen. Sogar einige Goldfische hatte er in den Tümpel gesetzt, aber die fielen nach Frau Bauers Meinung kaum unter die Kategorie Haustiere, und da sie ihr gemütliches Heim nicht betraten, durften sie unbehelligt im Teich ihre Runden ziehen. Nur das Quaken der Frösche störte sie manchmal in den Sommermonaten, aber da war nichts zu machen. Denn die

Frösche, dies erklärte ihr Mann ihr geduldig, kamen von ganz alleine, angelockt von dem Wasser. Und obendrein standen sie unter Naturschutz. Außerdem – aber das hatte Herr Bauer seiner Frau wohlweislich verschwiegen – war es eine seiner geheimen, stillen Freuden, ganz alleine am Teich zu sitzen, die Strahlen der Abendsonne zu genießen und ihrem Konzert zu lauschen.

Frau Bauer sah böse ihrer Nachbarin nach, die jetzt um die Ecke bog. „Ein fetter Dackel und eine fette Frau, das paßt ja wunderbar. Ist dir eigentlich schon mal aufgefallen, daß Tierbesitzer oft ihren Viechern ähneln? Die Frage ist nur – suchen sie sich ein Tier aus, das zu ihnen paßt, oder werden sie erst nach und nach wie ihr Liebling?“ Herr Bauer raschelte mit der Zeitung. Seine Frau spann den Gedanken weiter. „Ich meine, denk mal an Inga, die hat doch jetzt diese Katze, ein ganz zerrupftes Biest. Die treibt sich oft tagelang irgendwo herum und kommt erst nach Hause, wenn sie Hunger hat. Und Inga macht das jetzt doch auch! Nächtelang in der Disco, wer weiß mit welchen Typen; schläft bis mittags, frißt dann die ganze Pizza aus dem Eisschrank weg; ich weiß nicht, wie meine arme Schwester das aushält.“ Herr Bauer sah von der Zeitung auf und dachte an seine pubertierende

Nichte. „Jetzt sieh mal, wer da kommt", meldete sich Frau Bauer wieder vom Fenster aus. „Dich haben wir ja schon lange nicht mehr gesehen. Es ist die kleine Mühlhausen", informierte sie ihren Mann. „Du weißt schon, von Roberts Vetter der Kegelbruder, diese Mühlhausens. Meine Güte, die muß jetzt ja auch schon sechsundzwanzig oder siebenundzwanzig sein, die hat sich aber gemacht, ist die nicht Rechtsanwältin in Frankfurt? Die hat ganz schön Mut, bei diesem Wetter einen so kurzen Rock spazierenzuführen. Und so hohe Stiefel? Na ja, die Beine dazu hat sie wohl ...", seufzte Frau Bauer und fuhr zusammen, als die kleine Mühlhausen einen gellenden Pfiff ausstieß. Ein großer Hund schoß aus einem Vorgarten und lief schwanzwedelnd zu der jungen Frau. „Mein Gott, ich glaube, das ist eine Dogge oder ein Windhund. Ein Riesenvieh. Habe ich noch nie hier gesehen. Hat sie vielleicht aus Frankfurt mitgebracht. Siehst du, ein großer, schlanker Hund und eine große, schlanke Frau, das paßt ja wieder. Ich habe eben immer recht. Oder denk an die junge Leischner, die hat jetzt ein Pflegepferd. Ist in jeder freien Minute im Stall. Ich sage dir, bei ihrem Hintern hätte sie sich gar kein anderes Tier aussuchen können!" Frau Bauer lachte meckernd und spähte wieder aus dem

Fenster. Die kleine Mühlhausen war verschwunden, die Straße war leer. Der Wind fegte braune Blätter durch den Rinnstein. Frau Bauer seufzte. Es war Zeit, an das Essen zu denken. Im Kühlschrank war noch das Gulasch von gestern, das mußte gegessen werden. Sie sah ihren Mann an, der nachdenklich auf den Frühstückstisch blickte. „Ich denke, ich mache das Gulasch warm. Möchtest du Spätzle oder Kroketten?“ Keine Antwort, kein Grunzen, kein Murmeln. „Ich glaube, du hörst mir gar nicht zu. Ist alles in Ordnung mit dir?“ – „Jaja ...“, murmelte Herr Bauer, während er seine großen runden Augen, in denen die schmalen schwarzen Pupillen wie dünne Halbmonde glänzten, hungrig auf eine fette Fliege heftete, die sich brummend auf dem Küchentisch niedergelassen hatte.

Schneller als das Licht

Nicolaus von Hartenfels stand im grellen Sonnenlicht auf Rollfeld 7 des Internationalen Großflughafens Berlin-Brandenburg. Nach einem verregneten Sommer war der Herbst noch einmal erstaunlich schön geworden. Hier draußen wehte es aber ziemlich stark, die überall aufgezogenen Flaggen der Vereinigten Staaten von Europa knatterten im Wind. Von Hartenfels glättete seine Krawatte und sah in die Kamera. „Sind wir soweit?" Hinter ihm erhob sich stolz das futuristisch anmutende Flugzeug mit der abgeknickten Nase, den gebogenen Stummelflügeln und der großen Rückschubdüse am Heck. Der Kameramann hob den Daumen, die Tontechnikerin nickte ihm zu. Von Hartenfels holte noch einmal tief Luft und sah plötzlich sehr seriös aus. „Guten Tag, meine Damen und Herren. Ich stehe hier auf dem Berlin-Brandenburger Flughafen und wie Tausende von Journalisten hier vor Ort und Millionen von Fernsehzuschauern in aller Welt warte ich gespannt auf das Eintreffen von Staffelkapitän Horst-Herbert Schnurre, dem Piloten des angeblich modernsten und vor allem schnellsten Fluggeräts der Welt, der „Timeless". Heute, am 8. Oktober, elf Uhr einundfünfzig, befinden wir uns in einer welthistorischen Stunde. Es sind nur noch wenige Minuten bis zum Beginn des aufregendsten Experiments der Menschheitsgeschichte. Kapitän Schnurre wird sein großartiges Flugzeug besteigen, das von einer bislang noch geheimgehaltenen Technik angetrieben wird. Dieses Flugzeug, die „Timeless", ist nicht nur schneller als der Schall – sie ist schneller als das Licht! Das jedenfalls versichern uns die Experten der Bundeswehrprüfanstalt für Technik, Raum- und Luftfahrt, die diese einzigartige Maschine entwickelt haben. Doch gemeinsam mit der ganzen Menschheit stellen wir uns heute zwei Fragen: Ist das überhaupt möglich? Und: Was wird geschehen, wenn die „Timeless" heute die Erde einmal umkreist, um dann wieder hier zu landen? Ich bin Nicolaus von Hartenfels auf dem Flughafen Berlin-Brandenburg. Zurück nach Mainz." Das kleine rote Licht an der Kamera erlosch, die Tontechnikerin ließ den Galgen mit der Mikrofonaufhängung sinken. Nicolaus von Hartenfels ging zum Übertragungswagen und starrte auf den Monitor. Über den Schirm flimmerte die aktuelle Sondersendung. „... an unseren Reporter vor Ort", sagte Bruno K. Hielscher, der wichtigste Nachrichtenmoderator des Senders. „Zu Gast im Studio begrüße ich unseren Experten, Herrn Professor Gerd Wildschütz, Physiker und ausgewiesener Einstein-Experte von der Humboldt-Universität in Berlin." Ein älterer, vollbärtiger Mann mit Hornbrille nickte ernst in die Kamera. Dann war Hielscher wieder frontal im Bild. „Vor mehr als fünfundzwanzig Jahren, im Jahr 2011, schockierte eine Meldung die Wissenschaftler und Physiker auf der ganzen Welt. Bei Neutrino-Experimenten im Genfer CERN-Forschungszentrum wurde erstmals nachgewiesen, daß es möglich ist, eine schnellere Geschwindigkeit als das Licht zu erreichen. Anfangs wurden die Testergebnisse fast überall abgelehnt, man ging davon aus, daß dem Ergebnis fehlerhafte Meßmethoden zugrundeliegen mußten. Herr Professor Wildschütz, können Sie uns noch einmal ganz kurz erklären, warum die Ablehnung damals so groß war?" Die Kamera schwenkte in die Halbtotale. Der Physiker antwortete schleppend. „Nun, wissen Sie, Einstein hat bewiesen, daß Licht und Zeit keine voneinander unabhängigen, objektiven Größen sind, sondern im Gegenteil voneinander abhängen. Es ist wissenschaftlich bewiesen, also mehrfach experimentell verifiziert, daß die Zeit umso langsamer vergeht, je schneller sich ein Objekt bewegt. Wir können das mit Atomuhren messen.

Natürlich bislang nur im allerkleinsten Maßstab." Wildschütz lächelte säuerlich. „Bislang hatten wir ja noch kein Wunderflugzeug, das mehr als dreihunderttausend Kilometer in der Sekunde fliegen kann. Ich denke, das alles ist Humbug. Ein Scherz, hier wird uns ein riesengroßer Bär aufgebunden. So etwas gibt es nicht." Der Moderator lächelte begütigend. „Sicher, Herr Professor, sicher. Wir alle kennen Ihre kritische Haltung. Aber noch einmal zurück zu Einstein. Je schneller man ist, umso langsamer vergeht die Zeit?" Professor Wildschütz zuckte mit den Achseln. „So etwa kann man es ausdrücken. Und … also rein theoretisch gesprochen … bei annähernder Lichtgeschwindigkeit würde die Zeit fast gar nicht mehr vergehen, also theoretisch. Aber wie gesagt, das ist reine Theorie." Der Moderator schlug jetzt eine härtere Gangart an. „Seit zwanzig Jahren werden die Experimente von 2011 in Genf wiederholt. Die Ergebnisse scheinen eindeutig zu sein. Immer wieder heißt es: Neutrinos sind schneller als das Licht, Meßfehler sind ausgeschlossen. Wirft das nicht Ihr gesamtes Weltbild über den Haufen?" Professor Wildschütz wurde rot. „Nein, nein, in keinster Weise. Nur weil man sie noch nicht entdeckt hat, bedeutet das nicht, daß es keine Meßfehler gibt; es kann gar nicht anders sein!" – „Nun, wir werden sehen. Vielen Dank für Ihre Meinung." Jetzt sah Hielscher wieder voll in die Kamera. „Also, es bleibt sehr spannend. Die theoretische Möglichkeit wurde bislang nicht widerlegt. Alles kommt jetzt auf den ersten Praxistest an, den unsere wunderbaren deutschen Ingenieure und Wissenschaftler möglich gemacht haben. Wenn Kapitän Schnurre in seinem Wunderflugzeug sogar schneller als das Licht fliegen kann, scheint alles möglich zu sein! Moment, ich höre gerade von der Regie, daß sich in Berlin etwas tut. Zurück zu Nicolaus von Hartenfels auf dem Berlin-Brandenburger Flughafen."

Von Hartenfels stand schon bereit. Er mußte schreien, um sich bei dem Lärm der Menschenmasse verständlich zu machen. „Meine Damen und Herren, jetzt ist Staffelkapitän Horst-Herbert Schnurre auf dem Flugfeld eingetroffen. Eben noch hatte er ein kurzes Gespräch mit der Bundespräsidentin. Sie wird ihm Glück und Erfolg für seinen Flug gewünscht haben. Immerhin steht die deutsche Provinz der Vereinigten Staaten von Europa seit langer Zeit endlich wieder im Fokus der Weltöffentlichkeit und der weltweiten Wissenschaftsgemeinde. Jetzt rückt das Wachbataillon ab und die Sicherheitsleute vergrößern den Kordon um die „Timeless". Jetzt besteigt Kapitän Schnurre die Gangway. Da! Er winkt noch einmal. Tosender Applaus schlägt ihm entgegen! Jetzt ist er im Flugzeug verschwunden, die Türen werden geschlossen! Jetzt kommen die Schleppfahrzeuge und verholen die „Timeless" auf Rollbahn sechsunddreißig, dort wird sie gleich starten. Jetzt ist es jede Sekunde soweit, Sie sehen nun das Bild unserer Außenkameras. Meine Damen und Herren, ein weltentscheidender Augenblick naht. Schneller als das Licht! Schneller als die Zeit! Deutsche Wertarbeit macht das Unmögliche möglich! Jetzt ist die „Timeless" auf der Startbahn angekommen, die Schlepper fahren zurück. Einsam, majestätisch und erhaben steht dieses wunderbare Flugzeug dort, bereit für die Erdumkreisung! In kurzer, in kürzester, in allerkürzester Zeit wird sie wieder hier gelandet sein, wenn das Experiment Erfolg hat! Jetzt scheint alles bereit zu sein! Jetzt beginnen die Startvorbereitungen! Jetzt ist es gleich soweit! Jetzt! Jetzt! Er startet! Er sta ... Nicolaus von Hartenfels stand im grellen Sonnenlicht auf Rollfeld 7 des Internationalen Großflughafens Berlin-Brandenburg. Nach einem verregneten Sommer war der Herbst noch einmal erstaunlich schön geworden. Hier draußen wehte es aber ziemlich stark, die überall aufgezogenen Flaggen der Vereinigten Staaten von Europa knatterten im Wind. Von Hartenfels glättete seine Krawatte und sah in die Kamera. „Sind wir soweit?" Hinter ihm erhob sich stolz das futuristisch anmutende Flugzeug mit der abgeknickten Nase, den gebogenen Stummelflügeln und der großen Rückschubdüse am Heck. Der Kameramann hob den Daumen, die Tontechnikerin nickte ihm zu. Von Hartenfels holte noch einmal tief Luft und sah plötzlich sehr seriös aus. „Guten Tag, meine Damen und Herren. Ich stehe hier auf dem Berlin-Brandenburger Flughafen und wie Tausende von Journalisten hier vor Ort und Millionen von Fernsehzuschauern in aller Welt warte ich gespannt auf das Eintreffen von Staffelkapitän Horst-Herbert Schnurre, dem Piloten des angeblich modernsten und vor allem schnellsten Fluggeräts der Welt, der „Timeless". Heute, am 8. Oktober, elf Uhr einundfünfzig ..."

Unter Schwestern

Eine wahre Geschichte.

Schwester Maria Laetitia war fast eine Heilige. Und das war ein Problem, denn Heilige sind zwar das Entzücken und die Freude vieler Christen, wenn sie erst einmal gestorben sind: Dann kann man ein Selig- und Heiligsprechungsverfahren eröffnen, man kann Bildchen drucken und Berührungsreliquien verkaufen, man kann sich in ihrem Glanz sonnen und im besten Fall zahlreiche Pilgerscharen willkommen heißen und beköstigen. Wenn Heilige aber noch leben, ist das Zusammenleben mit ihnen kein Zuckerschlecken. Ordensleute unterscheiden sich nicht sehr von allen anderen Menschen. Sie sind einer besonderen Berufung gefolgt, verzichten auf manches, haben sich für ein Leben in einer Gemeinschaft entschieden, arbeiten hart und beten regelmäßig. Im übrigen aber sind sie oft genauso mittelmäßige Christen wie ihre Glaubensgenossen außerhalb des Klosters. Sie zicken herum. Sie sind eifersüchtig. Sie meckern und nörgeln. Sie haben Tag für Tag, Jahr für Jahr dieselben Gesichter, Charaktere, Personen mit ihren Eigenheiten, Starrsinnigkeiten, Ticks und Eigentümlichkeiten um sich. Das nervt.

Am meisten aber nervt den Mittelmäßigen das Genie, das Außergewöhnliche: ein Heiliger. Schwester Maria Laetitia konnte hart arbeiten, ohne sich zu beklagen. Sie meckerte nicht. Sie nörgelte nicht. Sie konnte andächtig im Gebet versinken, ohne darauf stolz zu sein. Sie war niemals eifersüchtig und frei von jeder Eitelkeit. Sie half, wo sie konnte. Sie trat stets hinter eine Mitschwester zurück. Sie übernahm die Verantwortung für Fehler, die andere gemacht hatten. Sie war fast eine Heilige. Mit einem Wort: Sie nervte.

In ihrem Heimatkloster hatte man sich an sie gewöhnt. Anfangs hatten viele Mitschwestern noch versucht, sie zu provozieren, ihre einfache, bescheidene Haltung zu erschüttern. Doch es ist schwierig, einen ganz und gar in sich ruhenden Menschen zu provozieren. Man fühlt sich nur schlechter. Irgendwann hatten sich die meisten daran gewöhnt und ignorierten die ungewöhnliche Schwester einfach. Damit konnte Maria Laetita sehr gut leben. Schwierig war für sie jedoch der alljährliche Erholungsurlaub. Denn auch Klosterfrauen machen Urlaub. Er ist sogar sehr notwendig und es ist unglaublich wohltuend, einmal für zwei Wochen die intensive Klostergemeinschaft verlassen zu können. Natürlich machen Ordensfrauen keinen Strandurlaub; sie buchen keine Pauschalreise im Club Med. Ordensfrauen machen Urlaub in einem anderen Kloster. Dort sind sie zu Gast, haben einen weniger strengen Tagesablauf, müssen nicht arbeiten, machen lange Spaziergänge, lesen Romane und schauen fern. Und freuen sich richtig, wenn sie nach vierzehn Tagen wieder in ihr Kloster zurückkehren dürfen. Denn das ist ihre Heimat, ihr Zuhause. Nur Schwester Maria Laetitia fand an dem Urlaub keinen Gefallen. Sie wußte genau: Sobald sie als Gast auch nur für zwei Wochen in einer neuen Gemeinschaft lebte, ging der Aufstand der Mittelmäßigkeit gegen das Besondere wieder los. Schon oft hatte sie ihre Äbtissin gebeten, auf den Urlaub verzichten zu dürfen, aber die alte Frau war knochenhart. „Es ist nicht gut, die ganze Zeit hier zu sein und zu arbeiten. Du brauchst die Erholung. Genieße die Zeit! Und jetzt geh.“ Und da Schwester Maria Laetitia eine gehorsame Ordensfrau war, packte sie ihren kleinen Koffer und fuhr auch in diesem Jahr in das ihr zugewiesene Kloster. Zur Erholung. Und jetzt war sie schon fast zwei Wochen hier und alles war so gekommen, wie sie es befürchtet hatte. Kleine Sticheleien. Hochgezogene Augenbrauen. Die unausgesprochene Unterstellung, sie würde sich für etwas Besseres halten. Die fremden Schwestern genossen das Gefühl, sich in moralischer Überlegenheit solidarisieren zu können. Als Schwester Maria Laetitia am letzten Abend ihres Urlaubs in den gemeinsamen Speisesaal trat, war sie froh, daß am nächsten Morgen ihr Zug ging. Sie setzte sich an ihren Platz und nach dem Gebet wurden die Brotkörbe weitergereicht. Schwester Juliana sprach sie mit erhobener Stimme an. „Nun, Schwester, am ersten Freitag im Monat essen wir unser Abendbrot nur mit Butter. Wir verzichten auf den Aufschnitt – aus Solidarität mit den Armen." Sie lächelte säuerlich. „Als unser Erholungsgast dürfen Sie natürlich zum Käse greifen. Schwester Nikodema wird Ihnen eine Platte zurechtmachen." Fünfunddreißig Mitschwestern hoben den Kopf und sahen sie gespannt an. Und Schwester Maria Laetitia genoß es, den Haß in ihren Blicken zu sehen, als sie sagte: „Nein danke, aus Solidarität mit den Ärmsten der Armen esse ich am ersten Freitag im Monat mein Brot trocken, ohne Aufschnitt und ohne Butter. Guten Appetit!" Denn Schwester Maria Laetitia war eine Heilige. Aber nur fast.

Von Frau zu Frau

Nicola und Tom waren seit drei Jahren verheiratet und immer noch ineinander verliebt. Nicola war neunundzwanzig Jahre alt, eine zierliche Frau mit langen, schwarzen Haaren und einem freundlichen Lächeln. Tom sah aus wie Harrison Ford. Er war fünf Jahre älter als seine Frau, ein freiberuflicher Architekt mit einem süßen Grübchen am Kinn.

Jetzt saß das sympathische Pärchen etwas verunsichert in meinem Büro. Ich begann mit der ersten Phase: die Unsicherheit nehmen, locker werden, ein offenes, vertrauliches Gesprächsklima herstellen. Die erste Phase ist wichtig, je sorgfältiger man vorgeht und je mehr Zeit man sich nimmt, umso besser gelingt der nachfolgende Beratungsprozeß.

„Ich freue mich, daß Sie den Weg hierhin gefunden haben. Das finde ich sehr mutig und nicht selbstverständlich. Viele Paare scheuen den Weg zu einer Eheberatung. Aber ich sage immer: Wenn Sie rechtliche Probleme haben, nehmen Sie sich einen Rechtsanwalt. Wenn Ihr Auto nicht anspringt, brauchen Sie den ADAC. Warum sollen Sie sich nicht auch helfen lassen, wenn es zwischenmenschliche Probleme gibt? Und die gibt es in jeder Ehe, das versichere ich Ihnen. Doch den ersten Schritt zur Lösung haben Sie bereits getan. Sie sind hier. Und meine Aufgabe besteht zunächst einmal darin, Ihnen zuzuhören und dann gemeinsam mit Ihnen Perspektiven zu suchen. Natürlich bleibt alles, was wir hier besprechen, streng vertraulich. Ist das so in Ordnung für Sie?" Tom nickte. Nicola sagte: „Das ist super, Frau Doktor, äh ..." – „Nennen Sie mich doch Thea", unterbrach ich sie. „Ja, Thea, gerne. Ich bin Nicola und mein Mann heißt Tom." Ich nickte lächelnd und wartete ab. Nicola zögerte. In neunundneunzig von hundert Fällen ist die Frau die treibende Kraft. Sie sieht die Probleme. Sie sucht aktiv Hilfe. Sie drängt ihren Mann zur Beratung. So war es auch hier. „Also, eigentlich sind wir sehr glücklich", sagte Nicola schließlich. „Ich meine, Tom ist supersüß und total nett, er trägt mich echt auf Händen." Tom grinste mich an. „Aber eine Sache gibt es, die mich wirklich in den Wahnsinn treibt. Ich kann es nicht länger ertragen. Ich habe mir schon den Mund fusselig geredet. Aber Tom kann einfach nicht damit aufhören. Und als ich vorgestern den Taschenkalender gefunden habe, war das Maß endgültig voll!" – „Sie sind glücklich und führen eine harmonische Ehe. Aber es gibt eine Sache, eine Eigenart Ihres Mannes, mit der Sie nicht leben können." In einem Beratungsgespräch ist es nützlich, die Aussagen zu verbalisieren und zurückzuspiegeln. Damit zeigt man, daß man den Gesprächspartner verstanden hat. Nicola nickte. „Welche Eigenart ist das?", fragte ich. „Tom macht aus allem einen Wettbewerb. Es ist furchtbar! Er muß immer der Erste sein. Nicht nur im Sport, wir sind im Tennisclub, wissen Sie. In allen Bereichen. Er ist der beste Architekt, er hat das schönste Auto, er gewinnt immer beim Scrabbeln. Er kocht die besten Spaghetti." – „Aber das stimmt doch!", protestierte Tom. „Ich kann doch nichts dafür, daß ich so gut bin!" Nicola seufzte. „Sehen Sie Thea, das ist doch nicht mehr normal. Aber am schlimmsten ist das hier." Sie legte einen kleinen Taschenkalender auf meinen Schreibtisch. „Den habe ich gestern beim Aufräumen im Schlafzimmer gefunden. Das ist doch abartig!" Tom wirkte etwas verlegen, als ich den Kalender nahm und aufblätterte. Es waren nur Zahlen eingetragen, an verschiedenen Tagen. Drei, eins, zwei meistens, ab und zu mal eine vier. Verständnislos sah ich die beiden an. Nicola räusperte sich. „Er hat notiert, wann und wie oft wir Sex hatten. Er ist nämlich auch der beste Liebhaber der Welt." Tom lächelte mich an. „Im Schnitt vier Komma zwei Mal in der Woche, das ist doch nicht schlecht, oder?“ Mir verschlägt es nicht so leicht die Sprache, aber jetzt wußte ich nicht, was ich sagen sollte. Eine böse, kleine Stimme in meinem Hinterkopf flüsterte: „Süße, deine Probleme hätte ich gerne!“ Dann nahm ich mich zusammen. „Ich verstehe, ich verstehe.“ In der zweiten Phase des Beratungsgeschehens kommt es darauf an, die Themen zu bündeln und sicherzustellen, daß beide Partner verstehen, worum es dem anderen geht. Ich sagte: „Tom, Ihre Frau leidet darunter, daß Sie aus allem, was Sie tun, einen Wettkampf machen. Können Sie das verstehen?“ Tom runzelte die Stirn. „Naja, so bin ich eben.“ Ich hakte ein. „Aber können Sie verstehen, daß Ihre Frau darunter leidet?“ Tom sah Nicola an. „Ja, das tut mir leid. Ich weiß auch nicht, ich kann es einfach nicht abstellen.“ Tom litt ohne Frage unter einer Komparationsneurose. Menschen mit dieser Störung können nicht aufhören, sich ständig mit anderen zu vergleichen. Obwohl sie nach außen hin äußerst selbstbewußt wirken, handelt es sich in der Regel um schwache Charaktere, um Menschen ohne eigenes Selbstwertgefühl, die nur aus dem Vergleich mit anderen Bestätigung gewinnen können und glauben, sie würden nur dann geliebt werden, wenn sie etwas besonderes leisten. Oft liegen auch kindliche Traumata vor. Komparationsneurotiker werden manchmal zu Hochstaplern und Betrügern, wenn eine entsprechende Sozialisationsbiographie vorliegt. Sie müssen sich ein Selbstbild schaffen, das allen Vergleichen standhält – und da reicht die Realität eben oft nicht aus. Die Behandlung ist schwierig und kompliziert, hier würden viele Beratungsgespräche notwendig sein. Ich kenne Psychotherapeuten, die gar nicht erst versuchen, eine Komparationsneurose zu behandeln und solche Paare direkt an einen Psychiater überweisen.

Aber all das konnte ich Tom und Nicola natürlich nicht sagen. Ich mußte behutsam vorgehen. Nachdenklich betrachtete ich die beiden. Sie sahen so glücklich aus. Würde ihre Ehe die Belastung einer aufwendigen Therapiemaßnahme überstehen? Aber vielleicht gab es noch eine andere Lösung. Ich bin ja deshalb so erfolgreich in meinem Beruf, weil ich unkonventionell denken kann und eingefahrene Gleise verlasse. Es käme darauf an, wie tough Nicola in Wirklichkeit war. Es wäre einen Versuch wert. Ich lächelte breit. „Okay, für die erste Sitzung war das schon sehr gut. Sie haben Ihr Problem erkannt und benannt, und nun werden wir gemeinsam nach einer

Lösung suchen. Machen Sie bitte draußen einen neuen Termin bei meiner Sprechstundenhilfe, dann sehen wir weiter!" Ich erhob mich und auch Tom und Nicola standen auf. Tom war verwirrt. „War das schon alles? Das ging aber schnell ..." Ich setzte eine strenge Miene auf. „Wir wollen nichts überstürzen. Kleine Schritte, gerade am Anfang ist das wichtig." Tom gab mir die Hand und stiefelte aus dem Büro. Als ich Nicola zur Tür begleitete, murmelte ich leise „Haben Sie noch fünf Minuten?" und nickte verschwörerisch in Richtung Tom. Nicola reagierte ziemlich cool. Sie nickte bloß und verließ mein Büro. Wenn ich sie richtig eingeschätzt hatte, würde sie jetzt gleich zu ihrem Mann sagen: „Schatz, ich habe meine Taschentücher im Büro vergessen. Geh doch schon mal zum Wagen. Ich komme gleich nach." Und richtig, nach kurzer Zeit ging die Tür auf und Nicola kam herein. „Die Taschentücher?", fragte ich. Sie lächelte. „Nein, der Kalender, der soll doch nicht in falsche Hände fallen." Sehr gut. „Ich wollte Sie gerne noch einmal alleine sprechen", sagte ich, „denn wir können zwar eine klassische Beratungstherapie beginnen, aber das wird dauern. Ich möchte Ihnen daher noch eine Alternative vorschlagen. Sozusagen von Frau zu Frau." Nicola blickte mich fragend an. „Ich möchte Ihnen vorschlagen, diese Therapie zu vergessen", erklärte ich. „Sehen Sie – Sie haben doch alles, was sie wollen: einen tollen, gutaussehenden Mann, der sie liebt und auf Händen trägt, ein offensichtlich beneidenswertes Sexleben ... wollen Sie all das aufs Spiel setzen? Das Risiko besteht nämlich." – „Aber ich kann diese Angeberei einfach nicht mehr ertragen!", rief Nicola. „Und was ist, wenn er den Kalender seinen Kumpels zeigt? Oder meine Freundinnen das mitbekommen?" – „Sehen Sie die Sache doch mal aus einer anderen Perspektive", sagte ich ruhig. „Ihren Mann können wir nur schwer ändern, aber Sie haben die Power, mit der Situation anders umzugehen. Bedenken Sie dabei, daß Männer im Grunde nichts anderes als große, sexuell aktive Kinder sind. Sie brauchen Bewunderung. Behandeln Sie Ihren Mann entsprechend. Sagen Sie ihm immer wieder, wie stolz Sie auf ihn sind. Sagen Sie ihm täglich, daß er der Allergrößte, Allerschönste, daß er Ihr Held ist! Tragen Sie ruhig dick auf, Männer können so schwer zwischen den Zeilen lesen. Dann wird folgendes geschehen: Die Angeberei wird Sie nicht mehr so schnell nerven, Ihr Mann wird sich nach und nach weniger plakativ verhalten und er wird Ihnen jeden Wunsch von den Lippen ablesen. Und stellen Sie sich vor, Ihre Freundinnen würden tatsächlich diesen Kalender sehen – die werden doch blaß vor Neid! Wenn ich in Ihrer Situation wäre, könnte ich es mir nur schwer verkneifen, ihn nicht selber herumzuzeigen." Stumm saß Nicola vor mir, eine drohende Falte grub sich immer tiefer in ihre Stirn, je länger ich redete. „Also, Thea, das ist ja das Letzte! Wie denken Sie eigentlich von mir und meinem Mann? So eine Unverschämtheit! Ich möchte kein weiteres Wort mehr hören!" Aufgebracht stand sie auf und stürmte aus meinem Büro. Die Tür ließ sie offen. Ich ging ihr nach und sah sie gerade noch um die Ecke biegen. Verdutzt sah die junge Sprechstundenhilfe ihr nach. „Bitte streichen Sie den letzten Termin. Die beiden kommen sicher nicht wieder", sagte ich zu ihr. Seufzend kehrte ich hinter meinen Schreibtisch zurück. Da lag ja noch der Kalender. Neidisch blätterte ich etwas herum. An manchen Tagen machte mir die Arbeit wirklich überhaupt keinen Spaß.

Auf dem Weg zum Auto verrauchte Nicolas Zorn so schnell wie er gekommen war. Eigentlich war sie gar nicht richtig wütend. Eher überrascht. Was diese Psychotante ihr da an den Kopf geworfen hatte! Unglaublich! Bei der würden sie sich nicht wieder sehen lassen. O je, es war gar nicht so einfach, eine gute Eheberatung zu finden. Tom war sowieso nicht motiviert. Nicola dachte angestrengt nach. Als sie auf die Straße trat, winkte Tom bereits. Typisch, er parkte in zweiter Reihe und sah ungemein gut aus, wie er da lässig an der Motorhaube des roten Porsches lehnte. Als Nicola sich auf den Beifahrersitz gleiten ließ, hatte sie einen Entschluß gefaßt. „Weißt du was, mein Schatz, du hast Recht. Du kannst wirklich nichts dafür, daß du in allem so gut bist. Deshalb habe ich dich ja geheiratet. Ich fand dieses Beratungsgespräch nicht so besonders. Diese Frau ist mir irgendwie unsympathisch. Ich denke, da gehen wir nicht mehr hin." Tom grinste breit. „O Liebling, das höre ich gerne. Ich fand diese Frau auch ziemlich komisch." Seine Augen blitzten. „Weißt du was, ich habe eine gute Idee. Laß uns doch schnell einen Abstecher in die City machen. Ich habe bei Hermès ein tolles Carré aus Seidentwill gesehen, das dir bestimmt gut steht. Und heute abend machen wir es uns richtig gemütlich, ja?" Zufrieden lehnte sich Nicola zurück, schloß die Augen und streichelte sacht über Toms Oberschenkel. Vielleicht war diese Eheberatung doch keine so schlechte Idee gewesen. Morgen würde sie alles ganz detailliert ihrer besten Freundin erzählen müssen. Von Frau zu Frau.

Der Wunsch

Die Fee kam am Dienstagabend. Oliver Fitzgerald saß gerade im Kaminzimmer, hatte es sich in seinem bequemsten Lehnstuhl gemütlich gemacht und blätterte in der Times. Die große Standuhr tickte beruhigend, das Feuer knisterte fröhlich, die dicken Vorhänge vor den Sprossenfenstern sperrten die regnerisch-kühle Herbstnacht aus. Oliver hatte sich in einem interessanten Artikel über die neue Rembrandt-Ausstellung im Britischen Museum festgelesen, als er eine Veränderung im Raum spürte. Er blickte auf. Da stand sie, mitten auf dem großen Orientteppich, blonde, lange Haare umflossen ihre Gestalt, ein glitzerndes, bodenlanges Gewand umhüllte sie und mit einem merkwürdigen Ausdruck sah sie ihn an, mit Augen, die uralt und jung zugleich waren. Merkwürdigerweise war er überhaupt nicht erschrocken. Er wußte gleich, daß seine Stunde geschlagen hatte. Er hatte es immer gewußt, er hatte immer daran geglaubt, und jetzt und hier würde es passieren: Die gute Fee war da, um ihm einen Wunsch – oder vielleicht sogar drei Wünsche? – zu erfüllen. *Nun, Mr. Fitzgerald, was kann ich für Sie tun?* Ihre Stimme klang körperlos, ätherisch, schwebte durch den Raum. Er lächelte. „Offensichtlich kennen Sie mich bereits, aber wer sind Sie? Und übrigens ... einen schönen guten Abend wünsche ich." Die Fee verzog keine Miene. *Mr. Fitzgerald, Sie wissen doch, wer ich bin. Ich bin Ihre Fee. Jetzt und hier steht es in meiner Macht, Ihren Wunsch zu erfüllen.* „Meinen Wunsch?", fragte er. „Ich dachte immer, es wären drei Wünsche!" *Seien Sie nicht albern. Es ist ein Wunsch, und Sie müssen ihn jetzt aussprechen, oder wollen Sie verzichten? Ach ja, ich warne Sie: einmal ausgesprochen, wird er auch erfüllt. Eine Reklamation ist nicht möglich.* „Nun, ich werde nicht verzichten. Aber Sie werden verstehen, daß ich jetzt nichts übers Knie brechen kann. Einige Momente der Überlegung müssen Sie mir schon gönnen." Unverwandt sah die Fee ihn an. Wenn Feen überhaupt gelangweilt wirken können, dann war sie es jetzt. *O, Ihr Sterblichen. Nun gut, einige Momente ...* Oliver dachte nach. Nicht darüber, was er sich wünschen sollte. Das wußte er bereits. Denn wie gesagt, er war ein Glaubender. Er wußte, daß es auf unserer wunderbaren Welt mehr gibt, als unsere Schulweisheit sich träumen läßt. In dieser Beziehung hatte er seinen Kinderglauben nie verloren. Zum Glück! Immer schon hatte er mit einer solchen Möglichkeit gerechnet – und er kannte viele

Geschichten von Menschen, die in einer solchen Situation die falsche Wahl getroffen hatten, so daß sich ihr Wunsch gegen sie kehrte. Das Gedankenspiel, was er sich wünschen könnte, war ihm nicht fremd. Und er war sich ziemlich sicher, eine gute Möglichkeit gefunden zu haben. Nein, er dachte über die Ironie nach, daß ihm die Wunschfee ausgerechnet jetzt, zu diesem Zeitpunkt, erschien. Oliver Fitzgerald stand auf dem Zenit seiner Karriere als Romancier, verfügte über ein ansehnliches Vermögen, hatte eine junge Frau, die ihn liebte, zwei gutgeratene Kinder aus erster Ehe und war – wenn ihn seine Informationen nicht sehr täuschten – für den Booker-Prize nominiert worden. In den nächsten Tagen würde die Entscheidung bekanntgegeben werden. So gesehen war der Zeitpunkt ihres Erscheinens denkbar unpassend. Wie sehr hatte er sich früher, in verschiedenen Situationen, eine gute Fee gewünscht! Etwa als Kind. Oliver war in einer Pflegefamilie groß geworden, seine Eltern waren bei einem Autounfall gestorben, als er zwei war. Wie viele Nächte lag er wach, gefangen in einem kalten, lieblosen Heim. Wie sehr hatte er sich gewünscht, daß eine gute Fee käme und ihm eine liebevolle Familie schenken würde. Oder als Student, der sich seiner mäßigen Leistungen

nur zu bewußt war, der seine Zeit vertändelte und vertrödelte und nur durch einen unglaublichen Zufall sein Examen bestanden hatte – einer seiner Professoren, ein etwas wirrer Herr, hatte den Bogen mit den Prüfungsfragen versehentlich auf dem Schreibtisch liegen gelassen, als Oliver zu einer Besprechung kam. Oder als junger, armer Schriftsteller, der jahrelang eine Absage nach der anderen erhalten hatte, von der Hand in den Mund lebte, zunehmend verzweifelter wurde, bis ihn der Zufall mit einem Verleger bekannt machte, der Qualität erkennen konnte, wenn er sie sah. Das war vor zehn Jahren gewesen. Damals hätte er eine gute Fee gebraucht. Doch dann wurde es anders, der Erfolg stellte sich ein, die Liebe, das Geld. Heute hatte Oliver eigentlich alles, was er brauchte. Oder?
Was ist nun mit dem Wunsch? Die Fee wurde ungeduldig. Er gab sich einen Ruck. Wenn man nur einen Wunsch hat, muß man sorgfältig vorgehen. Reichtum und Macht sind lächerliche Wünsche. Reichtum kann so schnell verschwinden, wie er gekommen ist. Macht ist eine strenge Herrin, sie duldet keine Schwächlinge und Zauderer. Wer die Macht bezwingen und behalten kann, der ist in der Regel auch mächtig. Jeder andere wird an ihr zerbrechen. Ein langes Leben? Das kann angenehm sein, aber

es kommt auf die Umstände an. Ein langes Leben mit einer furchtbaren Krankheit, die einen langsam zerfrißt, ist keine erstrebenswerte Angelegenheit. Also Gesundheit? Das scheint eine sichere Wahl zu sein, aber Vorsicht! Auch hier kommt es auf die genaue Definition an. Geht es nur um die körperliche Gesundheit, oder ist auch die geistige im Paket enthalten? Ein riskanter Wunsch. Nein, Oliver hatte sich schon vor langer Zeit entschieden. Er räusperte sich und sagte: „Nun gut, ich wünsche mir die Erfüllung meiner Grundbedürfnisse nach Sicherheit, Geborgenheit und regelmäßigen Mahlzeiten. Ich möchte umsorgt und geliebt werden von schönen Frauen und ich will keine Angst vor der Zukunft haben." Die Fee erstarrte. Offensichtlich hatte sie noch nie einen so überlegten, so trickreichen, so raffinierten Wunsch vernommen. Er lächelte sie an. *Das sind viele Wünsche, ich sprach aber nur von einem Wunsch.* „Nein, nein, meine Liebe, so leid es mir tut, hier muß ich widersprechen! Es ist, genau betrachtet, nur ein Wunsch: die Erfüllung meiner Grundbedürfnisse", sagte er triumphierend. „Ich habe eben viele Grundbedürfnisse und ich habe den einen Wunsch, sie erfüllt zu sehen." Oliver hatte sich eingehend mit der Materie beschäftigt. Die Sache war glasklar. Der Wunsch mußte ihm erfüllt werden. Das sah jetzt auch die Fee ein, die er überrumpelt hatte. *Sind Sie sicher, Mr. Fitzgerald, ganz sicher? Sie wissen, eine Reklamation ist nicht möglich.* „Keine Sorge, ich bin mir sicher", sagte er. *Nun gut, dann soll es so sein.* Sprach die Fee und verschwand.

Später am Abend kam die Hauswirtschafterin in das Kaminzimmer, um nach dem Rechten zu sehen. Das Feuer war heruntergebrannt und die große Standuhr schlug elfmal. Sie legte die Zeitung zusammen, zog einen Vorhang zurück und öffnete ein Fenster. Mr. Fitzgerald war wohl schon zu Bett gegangen. Plötzlich hielt sie inne. Vom Sofa her kam ein Geräusch, ein vertrautes Brabbeln. Sie trat näher und ihre Augen wurden groß vor Staunen. Da lag ein kleines Kind, noch keine zwei Monate alt, ganz nackt auf dem Sofa und streckte seine dünnen Ärmchen nach ihr aus. „Ja, was machst du denn da? Ich fasse es ja nicht! Hat uns da der Storch ein Kind gebracht? Und wo ist denn Mr. Fitzgerald?" Entzückt nahm sie das Baby auf den Arm und wiegte es sacht. Schon lange hatte sie sich ein Kind gewünscht, aber dieser Segen war ihr und ihrem Mann bislang verwehrt geblieben. „Ei, ei, ei ... ich glaube, du frierst, und Hunger hast du bestimmt auch. Jetzt werden wir uns erst mal um dich kümmern, keine Sorge, du brauchst keine Angst zu haben. Und wenn du gleich schön schläfst, werde ich Mr. Fitzgerald suchen. Ich bin sehr gespannt, was er dazu sagen wird!“

Café Surprise

Horror vacui. Die Angst vor dem leeren Blatt. Sie begleitet mich immer, wenn ich einen neuen Artikel schreiben soll, aber diesmal war es besonders schlimm. Tagelang saß ich vor dem Computer, starrte auf den leeren Bildschirm. Sprang zwischendurch immer wieder auf, streifte durch die Wohnung, zog einen Bildband nach dem anderen aus dem Regal, blätterte durch Hochglanzseiten mit köstlichen Spezialitäten aus aller Welt, aber es machte mir keine rechte Freude. Ich fand keine Inspiration. Auch meine Lieblingsbücher, die aktuellen Ausgaben des Guide Michelin und des Gault Millaud, die ich sonst mit Begeisterung studiere, lockten mich nicht. Sie lagen auf dem Schreibtisch und schienen mich vorwurfsvoll anzustarren. Ich konnte mich zu nichts aufraffen. Im Kühlschrank wartete eine einsame Flasche Pouilly-Fuissé. Ich öffnete sie, der Wein war ausgezeichnet, von dem guten 2006er Jahrgang, hatte nicht die Spur von Kork, aber nach einem halben Glas gab ich auf. Es schmeckte mir nicht. Halbherzig überlegte ich, einen guten Pot-au-feu aufzusetzen. Normalerweise beruhigt es mich ungemein, den Eintopf stundenlang auf dem Herd brodeln zu sehen, ich liebe es, wenn die köstlichen Düfte sich in der ganzen Wohnung verbreiten – aber dann erschien es mir doch unendlich schwierig, unendlich kompliziert, die nötigen Handgriffe zu tun und ich ließ es sein. Rastlos tigerte ich im Flur auf und ab. Verdammter Anatole Ledoux. Er war schuld an meinem Elend, er war schuld an meiner Schreibblockade. Ich wünschte mir, ich hätte nie etwas von ihm oder seinem „Café Surprise“ gehört. Ich wünschte mir, ich hätte einen anständigen Beruf gelernt, wäre Schreiner oder Gärtner oder Zahnarzt geworden. Kulinarischer Journalist! In früheren, besseren Tagen fand ich diese Berufsbeschreibung witzig. Jetzt wurde mir klar, wie lächerlich sie in Wirklichkeit war. Dabei hatten mich alle für meine geschickte Berufswahl bewundert. „Du hast dein Hobby wirklich zum Beruf gemacht. Du bist ein leidenschaftlicher Gourmet – und jetzt wirst du auch noch dafür bezahlt, gut bezahlt, zu essen und zu trinken und darüber den einen oder anderen Artikel zu schreiben. Du bist zu beneiden!“ Früher sonnte ich mich in solchen Komplimenten. Heute weiß ich, was für eine lächerliche Figur ich abgebe. Tragisch. Ich kehrte an den Schreibtisch zurück und weckte den Rechner aus seinem Ruhezustand. Es nutzte ja alles nichts. „Zwischen allen

Töpfen“, eine Fachzeitschrift, für die ich als freier Journalist arbeite, wartete auf meinen Artikel, auf die erste wirklich ernsthafte Meinung eines Fachmanns, auf die erste Expertise eines der führenden Gourmets, auf das erste professionelle Urteil eines ausgewiesenen Kenners über den zur Zeit heißesten Geheimtipp der an Geheimtipps nicht armen Berliner Szene: das „Café Surprise“, das Paradies für Feinschmecker, den einzigartigen Tempel erlesener Gaumenfreuden und größten Nervenkitzels.

Seine außerordentliche Attraktivität verdankt das Café Surprise drei Umständen: seinen legendär horrenden Preisen, seiner absoluten Exklusivität und der ungewöhnlichen Methode seines Besitzers und Küchenchefs, Maître Anatole Ledoux.

Maître Ledoux war einmal ein aufgehender Stern am Himmel der französischen Küche; ein Senkrechtstarter, dem alles gelang; ein mit höchsten Auszeichnungen dekorierter Sternekoch, um den sich die großen Pariser Restaurants förmlich rissen. Doch vor etwa zehn Jahren hatte der Mittfünfziger genug. Plötzlich war ihm alles zuwider: der lärmende Küchenbetrieb; die Plastikkartenesser, die mit Champagner und bretonischem Hummer ihr Spesenkonto plünderten; die mäkelnden, Hauben und

Sterne verteilenden Kritiker; die chirurgisch gestrafften Society-Hyänen; die mageren Models an der Seite fetter Angeber, die das Essen mit der Gabel auf dem Teller verteilten und nur da waren, um gesehen zu werden. Anatole Ledoux hatte seine Freude an der Arbeit, seinen Enthusiasmus, seinen Spaß verloren. Er fühlte sich müde, leer, ausgebrannt. Aber sein typisch französisches Temperament, das hatte er noch! Und Knall auf Fall, von heute auf morgen, ließ er alles hinter sich. Kündigte seine Stelle. Brüskierte seine Freunde und Kollegen. Verkaufte seine Wohnung weit unter Wert und flüchtete ins Languedoc. Dort ließ er sich in seinem alten Heimatdorf nieder, verbrachte seine Tage mit langen Spaziergängen und half manchmal seinem Cousin Marcel, der die Taverne des Dorfes führte. Dort servierte er einfachen Landwein, räumte die Tische ab, führte lange Gespräche mit alten Männern. Doch er rührte kein Messer, keinen Topf und keine Pfanne mehr an. Bis zu dem Tag, an dem die junge Frau mit den traurigen Augen in der Taverne saß, voller Unrast und Ratlosigkeit, unablässig und nervös ein Glas Wein in den Händen drehend. Ab und zu nahm sie einen winzigen Schluck. Anatole setzte sich ungefragt zu ihr, sah ihren Kummer und nahm väterlich ihre klamme Hand. Und plötzlich spürte er einen breiten Strom von Gefühlen und Empfindungen. Es war, als wäre ein Kreislauf geschlossen worden, als würde er tief eintauchen in ein Meer von Trauer und Schmerz, als würde er bis auf den Grund ihrer Seele schauen. Und mit einem Mal wußte er, was zu tun war. Er wußte, was diese Frau jetzt brauchte, was sie beruhigen und ein wenig glücklicher machen würde. Er wußte, was er tun konnte und er sprang auf und lief in die Küche, zog Schubladen auf, öffnete Schränke, suchte Zutaten zusammen und begann wieder zu kochen. Ein Aligot mit einem Hauch Knoblauch, ein kleines Filet Rotisseur von einer Schweinelende und dazu, ja, ein herber Rotwein. Seine Finger flogen, er schien überall gleichzeitig zu sein, schälte Kartoffeln und schmolz Gruyère in Milch, gab Knoblauch dazu, briet die Schweinelende scharf an und während sie ruhte, stampfte er zärtlich die Kartoffeln, vermischte Kräuter, Panade, Pfeffer und Öl und bestrich das Fleisch behutsam mit dieser Mischung. Schon lange hatte er keine solche Freude mehr empfunden, schon lange hatte er auf dieses Gefühl, etwas Richtiges und Wichtiges und Sinnvolles zu tun, verzichten müssen. Schließlich breitete sich ein verlockender Duft aus und Anatole betrat den

Schankraum mit einem großen Tablett. Die junge Frau war überrascht, als er an ihren Tisch trat. „Ich habe nichts bestellt, Monsieur“, sagte sie leise, aber Anatole lächelte nur. „Essen Sie, meine Liebe, essen Sie nur. Ich weiß, es wird Ihnen guttun.“ Zaghaft griff die Frau zu Messer und Gabel. Erst zögerlich, dann immer schneller, begann sie zu essen und ihr Gesichtsausdruck veränderte sich zusehends. Die nervöse Spannung wich, der Schmerz, der ihre Miene beherrschte, verlor seine harten Kanten und wurde weicher. Als der Teller schließlich leer war, lehnte sich die junge Frau aufseufzend zurück und ein kleines Lächeln stahl sich in ihre Mundwinkel. „Das war aber gut ... Vielen Dank, Monsieur, mir geht es schon etwas besser!“ Anatole strahlte. Bis heute wußte er nicht genau, was der jungen Frau fehlte, welchen Schmerz sie mit sich herumtragen mußte, er wußte noch nicht einmal ihren Namen. Aber immer, wenn er diese Geschichte erzählte, fügte er hinzu: „Ich muß dieser Mademoiselle dankbar sein. Denn sie hat mir meine Berufung gezeigt. Ich kann wieder kochen, aber ich koche nicht das, was auf der Speisekarte steht, nicht das, was die Menschen begehren und haben wollen. Ich koche nur das, was sie wirklich brauchen und was ihnen guttut.“ Das war die ungewöhnliche

Methode des Maître Anatole Ledoux und nach diesem Prinzip wurde das Café Surprise geführt. Es gab keine Speisekarte. Es gab keine Empfehlung des Tages. Wer dort speisen wollte, mußte sich ganz und buchstäblich in die Hand von Anatole Ledoux geben. Er empfing seinen Gast persönlich, führte ihn in ein kleines Speisezimmer, setzte sich ihm gegenüber und nahm seine Hand. Und immer wurde der Kreislauf geschlossen, immer empfing Maître Ledoux einen Strom von Gefühlen und Befindlichkeiten, immer sah er tief in die Seele seines Gegenübers und immer wußte er genau, welches Gericht jetzt und hier am besten passen würde, was diesem Gast jetzt und hier guttat. Gleichzeitig aber hatte der Küchenchef keine seiner Fähigkeiten verloren. Im Gegenteil: Die neue Freiheit, die er verspürte, schien seine Kochkunst in unerreichte Höhen zu heben. Regelmäßig sah man ihn auf dem französischen Markt an der Joachimstaler Straße und verschiedenen Fischmärkten, wo er persönlich frische, erlesene Ware aussuchte: Meeresfrüchte, Hummer und Crevetten, Edelfische und Wild standen ebenso wie Käsespezialitäten von den Savoyer Almen, bretonische Austern, sonnengereifte Mittelmeeroliven und bestes Filetfleisch auf seiner Einkaufsliste. Aus diesen Zutaten schuf er kulinarische Kunstwerke allerersten Ranges. Die wenigen Gäste des Café Surprise waren des Lobes voll. Die wenigen Gäste ... Das Café Surprise war in bereits arroganter Weise exklusiv. Es gab nur drei kleine Speisezimmer, in denen man alleine aß. Maître Ledoux wollte sich für jeden einzelnen seiner Gäste genug Zeit nehmen und ihn ganz persönlich bekochen. Vier, manchmal sogar fünf Stunden saß der Gast dort, verzehrte einen Gang nach dem anderen, ein einmaliges, individuelles Menü, zubereitet von einem der besten Köche der Welt. Und jeder, wirklich jeder Gast war glücklich, wenn er das Café Surprise wieder verließ. Sogar der exaltierte Preis konnte dieses Glücksgefühl nicht mindern. Immerhin verlangte Ledoux ganze 10.000 Euro für den Abend – im voraus zu begleichen! Die Gäste waren begeistert, und das Café Surprise war der absolut angesagteste Gourmettempel der Stadt. Es war chic dort zu speisen, und wenn man in einem Gespräch beiläufig erwähnte, man habe bei Maître Ledoux einen Coq au Vin oder eine provenzalische Bouillabaisse, Boeuf à la ficelle oder lauwarm marinierte Belon-Austern mit Pétoncle genossen, dann konnte man sich der allgemeinen Aufmerksamkeit sicher sein. Ein Essen im Café Surprise war eben nicht nur ein kulinarisches Erlebnis der Spitzenklasse, es war zugleich auch eine gute Geschichte, mit der man auf Partys und Empfängen glänzen konnte. Wie der Maître die Hand genommen und Kontakt hergestellt hatte. Wie er mit sanften, einfühlsamen Worten sprach. Und wie er das ganz besondere, einmalige, persönliche Menü gezaubert hatte, das man sich so nie bestellt hätte, das aber ganz wunderbar und köstlich gewesen sei: Da wurde der Gaumen wirklich zur Kathedrale!

Ich seufzte tief. Vielleicht sollte ich meinen Artikel mit dieser Geschichte beginnen, mit der Geschichte der Bekehrung von Anatole Ledoux, der ein ganz neues Kapitel der Kochkunst aufgeschlagen hatte: die psychologische Küche. Nein, so ging das nicht. Ich dachte an das Gespräch mit dem Chefredakteur vor sechs Wochen. Er war ganz versessen darauf, einen Insider-Artikel von einem der führenden Gastronomieexperten des Landes zu bringen. „Wir können an diesem Laden nicht mehr vorbei. Es ist mir egal, was die Kritiker sagen. Die machen sich doch nur lächerlich mit ihrer Nörgelei, die haben das Restaurant ja nie von innen gesehen. Ich will deine fachliche Meinung. Ist er wirklich so gut, wie behauptet wird? Kann er in deine Seele schauen? Und ich will eine richtige Kritik seiner Küche. Und eine umfassende Beschreibung des Menüs. Wenn wir jetzt nicht zuschlagen, dann kommt uns ein anderer zuvor. Also los!" Ich dachte daran, wie sehr mich diese Aufgabe gereizt hatte. Ich dachte an meine Spannung, an meine Vorfreude, als endlich, vor drei Tagen, der Anruf kam und meine Reservierung bestätigt wurde. Ich dachte an meine Nervosität, als ich vor der schlichten, weißen Tür in einer unauffälligen Weddinger Nebenstraße stand, hinter der sich das Café Surprise verbarg. Ich wußte noch ganz genau, wie mir Maître Ledoux persönlich die Tür öffnete. Er war größer, als ich gedacht hatte. Unzählige Falten und Fältchen durchzogen sein Gesicht. Freundlich bat er mich in ein Speisezimmer. Ein festlich gedeckter Tisch erwartete mich, ein bequemer Stuhl, Silber funkelte im Kerzenlicht. Als ich saß, nahm Ledoux meine Hand. „Bitte sagen Sie nichts. Ich möchte spüren, was Sie bewegt, was Sie interessiert, was heute wohltuend für Sie ist." Seine Hand war groß, warm, die Haut ein bißchen rauh. Unverwandt sah er mir in die Augen. Ich fühlte mich geborgen, aufgehoben, die Spannung fiel von mir ab. Schließlich erhob er sich. „Monsieur, ich habe Ihre Seele gesehen. Ich weiß, was Sie brauchen. Bitte gedulden Sie sich einen Augenblick. Ich wünsche guten Appetit!“ Dann verließ er das Zimmer und ich spürte, wie eine erwartungsvolle Vorfreude in mir aufstieg. Was hatte er in mir gesehen? Was offenbarte meine Seele? Hatte er in mir den Gourmet erkannt? Den Freund der französischen Küche? Wußte er um meine Leidenschaft für Ardenner Fasan, Avignoner Filet mit Beurre de Montpellier oder Blanquette de veau? Oder würde er etwas Ausgefallenes aussuchen, eine Bohémienne, diesen wunderbaren Gemüsetopf mit Auberginen und Tomaten, oder vielleicht eine Bordeauxente mit Steinpilzen? Oder würde er sich für einen Lammspieß entscheiden, für einen Brochette Dabats? Oder würde er eine ganz andere Richtung einschlagen, etwas mit Schnecken vielleicht? Vor meinem geistigen Auge sah ich bereits eine dampfende Platte mit Cagouilles à la Charentaise. O – es gab so viele Möglichkeiten, und nach allem, was ich gehört hatte, konnte der Gast sich einfach nicht vorstellen, welche kongenialen Gerichte der Meister zaubern würde. Während ich mich in angenehmsten Phantasien wiegte, verging die Wartezeit wie im Flug. Nach einer Dreiviertelstunde klopfte es leise an die Tür. Ein Kellner trat ein, eine große Silberplatte mit Haube in der Rechten. Sanft stellte er die Platte vor mir ab, deckte die Haube mit der Linken auf, wünschte „Guten Appetit“ und verließ lautlos das Zimmer. Ich starrte fassungslos auf die Platte. Auf einem großen Teller aus edlem Porzellan stand eine fettige Pappschachtel. Ein grauer Hautsack mit gepreßtem Abfallfleisch lag darin, zerschnitten und mit Ketchup und reichlich Currypulver bedeckt. Daneben, von einem riesigen Klecks weißer Mayonnaise bedeckt, ein Haufen etwas zu lange frittierter Kartoffelstäbchen. Neben den Teller hatte der Kellner eine eisgekühlte Dose Coca-Cola platziert, Kondenstropfen perlten langsam an ihr herab.

Bei der Erinnerung an diesen Schock überfiel mich Übelkeit. Schweiß stand mir auf der Stirn. Meine Hände zitterten. Ich erhob mich vom Schreibtisch. Wie sollte ich diesen unseligen Artikel jemals anfangen, geschweige denn beenden? Ich nahm meine Wanderung durch die Wohnung wieder auf. Ich wußte nicht mehr weiter. Denn, bei Gott, diese Currywurst mit Pommes war das Beste, was ich jemals gegessen habe.